拆解Bobbitt：
課程論百年紀念

劉幸　楊智穎　主編

劉幸、丁道勇、程龍、胡定榮

楊智穎、鍾鴻銘、單文經　合著

五南圖書出版公司 印行

緣起

　　任何學門或學術事件發展至一百年，或在某個歷史時刻遇到與「百」有關的紀念日，通常會被認為來到一個重要的歷史里程碑，而為紀念此一重要歷史時刻，學界常會透過專書或研討會來探討某一學門或學術事件的發展。例如美國在 1976 年為慶祝獨立建國二百年，即由 Davis 主編，出版一本名為《課程發展的觀點：1776-1976》（*Perspectives on Curriculum Development: 1776-1976*）的專書。此外，Schubert 等學者在 2002 年也於課程發展第一個百年，編輯一本名為《課程論著》（*Curriculum Books*）的專書。臺灣教育界和西方一樣，也有相同的情形發生。2011 年，國家教育研究院曾在 6 月 10 日至 11 日舉辦「教科書百年演進國際學術研討會」，並邀請相關學者撰稿，出版一本名為《開卷有益：教科書回顧與前瞻》的專書。此外，為紀念 Dewey 於 1916 所著之《民主與教育》（*Democracy and Education*）一書出版百周年，也在 2016 年於臺灣師範大學辦理一場「民主與教育國際學術研討會」。

　　回顧課程發展史，課程界多將 Bobbitt 所著的《課程》（*The Curriculum*）一書於 1918 年的出版，視為課程領域誕生的重要起始點。筆者因於 2016 年看到臺灣教育界為紀念 Dewey《民主與教育》出版百周年，並辦理國際學術研討會，突然浮出一個想法，若將 Bobbitt《課程》一書在 1918 年的出版，視為課程領域的誕生，如此算來，2018 年即滿百周年。在這短短一百年時間，該論著的出版，除促使「課程」提升成為一個獨立的學術研究領域，同時也提供許多課程學者，在 Bobbitt 課程理論的基礎上，開啟一連串和課程問題的思辯，連帶豐富了課程領域的內涵。因此，若能在 2018 年透過學術研討會的辦理，或課程專書的出版，來紀念 Bobbitt《課程》論著出版百周年，其實是相當具歷史意義的。

　　其實 Bobbitt 一生的課程論著並不多，然因 1918 年出版《課程》一書，讓 Bobbitt 在課程領域中具重要的歷史定位。然學界對其思想的了解，不是不夠深入，就是相當片面，例如認為 Bobbitt 的課程觀是具社會效率導向，但就 Bobbitt 於 1941 年出版的《現代教育中的課程》（*The Curriculum of Modern Education*），在此書中所持的課程觀已更趨複雜。為更持平與深入地看待這位課程領域的前輩，在迎接課程誕生百年到來的重要歷史時刻，以 Bobbitt 作為探究中心，重新對 Bobbitt 的課程思想進行多元的歷史理解，有其必要性。

　　為了完成這件歷史大事，筆者先邀請臺灣課程界前輩，包括黃光雄、歐用生、白亦方和周淑卿等教授，諮詢他們的意見，並商討如何辦理這件事，後來決定結合 2018 年 10 月在臺北教育大學辦理的「兩岸課程理論論壇」，並將本論壇命為「課程誕生百年風華：以 Bobbitt 作為探究中心」。此論壇能夠順利完成，感謝黃光雄教授、黃顯華教授和歐用生教授鼎力協助，擔任主持人，單文經教授、鍾鴻銘教授和劉幸博士等接受邀稿發表，並邀請鄭玉卿教授擔任評論人。在該論壇結束後，為了讓成果能夠分享給課程界更多同好，和劉幸博士商討出書，感謝劉幸博士邀請，期望本書的出版能為課程界提供更多貢獻。

楊智穎

2021.04.05

目次

第一章 再論 Bobbitt 的課程理論分期問題

劉幸[1]

摘要

Franklin Bobbitt 是現代課程理論的奠基人。諸多學者認為，Bobbitt 的理論經歷了兩個階段：前一個階段的他立足於一種機械和行為主義的視角，倡導社會效率主義；後一個階段的他則更具有進步主義的特色，關心學生活生生的經驗。一般認為，他發表於 1926 年的一篇論文標誌著這一理論上的轉向。對這篇標誌性論文的文本進行細讀後不難發現，所謂的轉向是對他理論的一種誤讀，事實上兩者從一開始就構成了他理論中的有機整體。這種誤讀主要發生於二十世紀七〇年代，源於當時 Tyler 的課程原理被批評為科學主義課程原理。這一認識影響了日後在教科書中的經典敘事，並使我們形成了對 Bobbitt 的這一刻板印象，而這一刻板印象阻礙了我們充分認識教育思想史中的複雜性。

關鍵詞 Bobbitt、Tyler、Dewey、課程、社會效率主義

---

[1] 北京師範大學講師。

壹 📖 導入

　　大多數學者將作為一門獨立研究領域的課程理論的誕生，劃定在1918 年，因為在這一年裡，John Franklin Bobbitt（1876-1956）出版了《課程》一書。他也由此被稱為「現代課程理論的奠基人」。學術界也普遍認為，Bobbitt 的課程觀念經過了兩個階段。在一本頗具權威性，並且常常為學界所引用的資料集《美國課程：檔案的歷史》（*The American Curriculum: A Documentary History*）中，有學者認為「Bobbitt 似乎在二十世紀二〇年代轉變了自己的心意，在隨後的著作（尤其是他 1941 年的專著）中，他在很大程度上轉向了 Dewey」（Willis et al., 1993, p.164）。Pinar 等學者在他們頗有影響力的教材《理解課程》（*Understanding Curriculum*）中，同樣認為，Bobbitt 公開發表於 1926 年的論文預示著他在課程理論上一種可能的轉向，而這被視為當時「最令人驚訝」（Pinar et al., 2004, p.122）的一件事。

　　關於 Bobbitt 的前一個階段，Pinar 等學者總結為，他「推動學界建立起了一種名為『社會效率主義』的課程原理和技術。Bobbitt 從科學管理原理中借鑑了不少東西，發明了一種『活動分析』的方法來指導課程建設，並堅持認為，現有教育活動的價值就在於能在將來的工作中得到『報償』」。然而在 1926 年的論文中，Bobbitt 寫道：

> 　　事實上，生活不可能被「準備」。生活就是活出來的（lived）。但幸運的是，「活著」本身就提供了一種能量，使得生活可以在同一水準下得以延續。以適宜的方式活著，這本身就會讓生活朝著教育所欲求的方向發展，這是其他任何事物都無可取代的。為生活做準備，實則只是生活本身的一個副產品。（NSSE, 1926, p.43）

　　對 Pinar 等學者而言，這就是一個決定性的證據，足以證明 Bobbitt 已經拒絕了「科學管理，以及一種以成人爲中心的學校理念」（Pinar et al., 2004, p.122）。Pinar 的這一觀點頗爲流行。Lagemann 在她廣受讚譽的美國教育學史研究專著《一門捉摸不定的科學》中，同樣認爲 Bobbitt 已經放棄了他早期的觀念，並且將其比喻作博物館裡的渡渡鳥和大海燕（Lagemann, 2000, p.109）。

　　然而，這種流行的說法眞的全無問題嗎？這一論據眞能支撐起上述學者的觀點嗎？本文試圖就此提出一個否定的答案，並且想要去解釋這種可能的「誤解」從何而來。

貳　對 Bobbitt 1926 年的論文進行再分析

　　Bobbitt 出版於 1918 年的專著標誌著一門專業學問的誕生，那就是日後很快發展起來的課程理論。這種發展同樣爲學科內部帶來不同的觀點和聲音。到了二十世紀二〇年代，爲了給課程規劃工作奠定一些基礎性共識，Harold Rugg 等學者同意在全國教育研究會（National Society for the Study of Education）的支持下，召集當時課程領域內的代表性學者召開一次會議。參會者很努力地劃定了十八個課程理論的核心問題，並且爲這一領域撰寫了一份共同聲明。這些內容作爲全國教育研究會 1926 年年刊的第二部分發表了，標題爲《課程規劃的基礎》（*The Foundations of Curriculum Making*）。然而，這一部分總共不過十八頁而已，可見想要達成共識是非常困難的，而所謂的聲明事實上是很空泛的。緊隨著這一部分之後的是一些「小報告」，即每個參會者針對總體性的報告給出的個人附加意見。Bobbitt 那篇被認爲標示著一種轉折的論文，正屬於其中的一篇。

　　讓我們首先仔細閱讀以下這份論文。

　　從一開始，Bobbitt 就明確提出「教育乃是出於一種社會目的，即提

升人的行爲品質，使之達到一個倘若沒有教育就不能實現的水平階段」。在某個階段，它是「孩子的行爲；在某個階段，它是青年的行爲；在某個階段，它是成年男女的行爲。人生就應當在各個歲數和階段都充分地生活著，並且活得多姿多彩、豐富且富有成果」（NSSE, 1926, p.41）。這是一個持續的過程，但所謂「活著」，一定基於「一個流動著的當下」（Ibid., p.42）。很顯然，Bobbitt 是在一個很寬泛的層面上定義課程，尤其當他聲明「每天二十四個小時、每週七天的高質量的、當下的活動就是課程」（Ibid., p.43）時，他的「課程」概念幾乎可以等同於「教育」了。基於這一判斷，Bobbitt 認爲教育不能等同於學校教育（schooling），因爲學生在學校之外度過的時光同樣占據他人生的大部分，同樣值得我們的關注。更爲重要的是，Bobbitt 指出「學校不僅僅只是一些講授具體科目的班級的集合」（Ibid., p.44），因爲這種近乎灌輸的教學方式對於一個人整個一生的價值極爲有限。

接下來便是他著名的「活動分析」（activity analysis）了，這意味著「課程的制定者應當找到，在各個年齡層次上，構成一個人的存在的全部有益的活動。這一任務首先需要找到，在特定年齡階段上，那些最成功地完成了與其年齡相應的活動，並且充分達成了各項能力的個體」（Ibid., p.44）。往往有學者認爲 Bobbitt 同 Edward Thorndike 一樣，只關注於行爲層面，或者說，可以外顯的層面的活動（Eisner, 2002, p.15）；然而事實上，Bobbitt 反覆強調「活動分析法應當關注主觀層面的活動，勝過外顯出來的客觀活動」（NSSE, 1926, p.44），這就包括「理性的洞察力、價值觀、判斷、規劃、決策等等，而一個人的主觀活動實則都來源於此」。此外，一個人的「審美的感情反應、冥思、宗教情懷、追求和憧憬以及別的精神活動」也應當囊括在內（Ibid., pp.44-45）。

Bobbitt 已經意識到了，「現實情況是高度複雜的，任何兩個個體都不可能全然相同」（Ibid., p.45）。正是因爲這種複雜性，我們就應當在一套普遍課程之外，基於不同的狀況，創製出個性化的課程。對 Bobbitt 而

言，任何一套課程顯然都不是要強加給所有兒童和青年的。

有鑒於此，Bobbitt 再次強調，僅僅灌輸事實性知識是很危險的。「如我們所論證的那樣，我們應當提供的是一整套連續、豐沛、多樣、充分並且有成效的主觀活動，而不是教科書式的知識。這種主觀活動才能構成高質量的智性生活。僅僅灌輸一套沒有內在活力的知識，或者對知識囫圇吞棗，決不能構成一種恰當的智性生活。」（Ibid., p.49）Bobbitt 也解釋了，他的這一擔心和個性化的課程密不可分。「我們如果將教育理解為一種倉儲式的概念，就會導致機械的教學技法，也會使我們假想所有孩子和年輕人的本性和境遇是相對一致的。這就會使得學校採用一套整齊劃一的課程，給所有人講授同樣的東西。」（Ibid., p.51）然而，既然我們將課程視為學生將要體驗到的一系列活動，那麼它就勢必要有針對性的，應對每個孩子的具體處境。這就需要學生、教師和家長間的密切合作了。

這種理念同樣給課程評價帶來了諸多改變。「值得留心的是，考試和標準化測試在很大程度上就屬於那種陳舊的倉儲式教育的技術的一部分。一般意義上的考試完全無從檢測出一套基於行為的課程的有效性。」（Ibid., pp.53-54）Bobbitt 總結道，在他看來，這種失敗在於「我們只是希望將教學活動侷限在每週 25 小時的在校時間而已」，而這只能處理那些抽象、疏遠而又無關痛癢的學科知識；不將教育視為一種要塑造學生整個人生的行為，是我們「最令人驚訝的短視」（Ibid., p.54）。

Bobbitt 並不認同學校一定要成為社會改革的工具（Ibid.）。但是他完全相信，個體的改良會自然地帶來社會整體的進步，儘管這種進步不是我們的教學要直接達成的目的。關於教育與社會的關係，他的這一觀點和其他一些比較激進的學者存在差異。

由此，我們就可以對他這篇 1926 年的論文有一個整體而明晰的認識了。然而，這篇論文真的能意味著他在課程理論上的轉變嗎？倘若將這篇論文和他「前一個階段」的《課程》（1918）、《如何編製課程》（*How to Make a Curriculum*, 1924）等作品——如果 Bobbitt 的理論確實分為兩個

階段的話——進行比較，或有助於澄清這一問題。

參　與 Bobbitt 前期作品的比較分析

在出版於 1924 年的《如何編製課程》一書中，Bobbitt 已經將教育定義爲了「向著正確方向成長的全過程」。教育的「目的就是成長的目的，而學生的活動和經驗將是使他們走向這一目的的臺階。活動和經驗就是課程」（Bobbitt, 1924a, p.44）。他在更早的《課程》一書中同樣表示，課程就是「一套孩子們和青年人必須完成和體驗的事」（Bobbitt, 1918, p.42）。這些觀念和他在 1926 年的論文中表現出的觀念是非常接近的。在多篇日後發表的論文中，Bobbitt 依舊堅持批評他在學校中觀察到的一種情形，那就是「教師在教科書中準備好了一整套的學科知識。他們只是將這套學科知識搬進學生記憶儲藏窖裡的冰庫」，當然，唯一能讓 Bobbitt 稍感寬慰的是，「有一些教師嘗試著讓這個過程少一點痛苦」（Bobbitt, 1924b, pp.45-46）。

毫無疑問，Bobbitt 相信教育的過程最終是指向成人社會的，在一些學者看來，這就是他偏向「社會中心」的表現。然而，在《課程》一書的第一章，Bobbitt 已經表明，這其實只關涉到教育中兩個階段的問題。教育中一個階段是遊戲，另一個階段是工作，與之相對應的是兒童和成人。兩者在學習時的精神和方式是截然不同的。Bobbitt 講了自己的一段親身經歷作爲一個旁證。當他乘船到遠東工作時，他注意到了同一艘輪船上的兩個男孩。只要輪船在香港、上海、長崎、神戶、橫濱等港口停留一兩天，「船剛一下錨的時候，這兩個男孩就會飛奔出去，開始一趟探險之旅」。大人們沒有指派任何要讓他們學習的任務；他們跑下船去「絕不是因爲要記下什麼信息，作爲晚上的背誦」。這完全是一種智性需求下的遊戲經驗，而等到他們返回船上的時候，他們會針對自己白天的體驗進行一

場「又長又富有激情的口頭匯報」（Bobbitt, 1918, pp.10-11）。在這一階段，自由的精神是要擺在第一位的。無可否認，這個過程是將成人世界視作最終目的的，但是，倘若要問哪一個才是教育的正確目的，Bobbitt 的回答是：「毫無疑問，兩者都是正確的。這就像是問：『樹應該開花，還是應該結果？』它當然既應該開花，也應該結果，否則那棵樹就不能算是完整呈現了自身的生理機能。」（Ibid., p.6）

　　在 1918 年的《課程》中，Bobbitt 就抱怨，「我們這個專業再熟悉不過的那種直接學習事實性知識，然後加以背誦的方法，實在太過原始了。」（Ibid., p.98）在他 1924 年的《如何編製課程》中，他依舊批判「教育，在很大程度上就是在聽完老師講課之後背誦教科書。人們往往認爲透過這樣的方式，就能培養出孩子們將來一生都需要的能力和品質，而這就是教育了」（Bobbitt, 1924a, p.44）。他將課程定義爲「活動和經驗」，事實上就可以視爲他爲對抗這一強有力的教育傳統而採取的策略。將一個孩子置入某個特定的場景，讓他解決某個特定的問題，這是唯一一種能夠鍛造出他「所需的整套習慣、技能、能力、思維方式、價值觀、進取心等等」（Bobbitt, 1918, p.43）的方法。而這才是孩子成長過程中需要的。這才是教育眞正的內涵所在。Bobbitt 宣傳「即便是過去那些簡陋的活動，也是由思想（idea）指導的」（Ibid., p.26），可見他並不認同那些僅僅從行爲主義的角度來理解教學的學者。「思想，或者說工作中人的主觀部分，是核心意義上的工作。」（Ibid.）「老師們……往往包辦了思想的工作，設定計畫，爲學生制定流程。在學校的縫紉室、廚房和車間中，這種現象相當常見。如此一來，就學生們的經驗而言，智性的成分大打折扣。在這種情形下，他們所做的，便不是整個工作中最有價值的那部分。」（Ibid., pp.31-32）

　　在《課程》一書的最末一章，Bobbitt 同樣論及了教育和社會的關係。他給學校督學們提出的建議是，「在這一輩人中，並不是所有的進步都一定要達成；有些事情是要留給後人的。同樣地，如果時機成熟，而且只要

這種成熟不是他強力催生出來的，那麼他就會採取措施，完全一切可能的進步。」（Ibid., p.289）由此可見，他從一開始就主張一種穩定而漸進的變革，而非激烈的革命。[2]

簡而言之，在 Bobbitt 之前的作品和他發表於 1926 年的論文之間見不到特別明顯的差異。如果要說有什麼差異的話，那大概也就是對個性化課程的強調。但這一點實質上仍舊來源於他將課程定義為活動和經驗而已。似乎 1926 年的這篇論文更宜於被視為一個小小的理論推進，而非理論轉折。

肆　一個虛構的前提

Willis 等學者認為，Bobbitt「在隨後的著作（尤其是他 1941 年的專著）中，在很大程度上轉向了 Dewey」。這裡提到的 1941 年的專著，乃是指 Bobbitt 學術生涯中的最後一部作品，《現代教育中的課程》（*The Curriculum of Modern Education*）。

一篇論文的篇幅無法讓我在這裡將 Bobbitt 的這部書和他之前的作品進行一個全面的對比，然而有必要指出的是，這部書同他 1918 年的《課程》在結構上有非常相似之處。該書第一章分析何為好的生活，並且強調教育應當為人的終生福祉服務。第二章〈遊戲〉和第三章〈工作〉顯然承續自教育中兩個階段的議題。第四章〈智性生活〉同《課程》一書的第四章〈思想在工作經驗中的地位〉如出一轍。從第五章到最後，Bobbitt 分別論述了語言、閱讀、交往、家庭生活、體育、公民生活、職業所涉及到的課程問題。這和他的《課程》一書也基本保持了一致，僅僅有一些順序上的區別。Bobbitt 在課程理論上的一致性應當是一目了然的。

---

[2]　從這個角度對Bobbitt進行批判的有Bode（1927）等學者。

　　當然，Bobbitt 在他後來的著述中針對一些議題有了更深入的闡釋，但這些都不足以證明 Bobbitt 完全改變了自己的觀念。

　　Willis 等學者並沒有詳盡地闡述自己的觀點是基於什麼樣的證據。不過，在同書的導言部分，Bobbitt 被形容為「受到社會效率主義運動的顯著影響」，並基於此「規劃出一種科學主義的課程編製路徑」（Willis et al., 1993, pp.163-164）。故而不難想像，當 Bobbitt 認同一種由學生主導，而非由社會主導的「個性化的課程」時，在 Willis 等學者看來，他就明顯「在很大程度上轉向了 Dewey」，因為 Dewey 被普遍認作是「兒童中心」（Ibid., p.164）的代表。但正如前文所言，所謂的個性化課程，事實上完全根植於 Bobbitt 自己的課程理論體系。在一篇發表於 1921 年的論文中，Bobbitt 已經開始強調「課程是基於孩子而存在的，故而課程要考量孩子的天賦、能力、社會機遇、興趣等等而有所不同」（Bobbitt, 1921, p.614）了。

　　由此我們可以得出一個結論，所謂 Bobbitt 的轉向是基於一個虛構的前提，即存在所謂兩個階段的 Bobbitt：前一個階段的 Bobbitt 關注於社會，想要在一種科學方法之下組織一套行為導向的教育目標；後一個階段的 Bobbitt 更關注孩子當下的經驗，並且其視野已經超越出了行為導向的教育目標。事實上，這兩個面向在他的理論架構中很早就形成了一個有機的整體，並沒有明顯的證據可以表明他經歷過一個什麼樣的劇烈的理論轉向。

伍　這一誤解的根源

　　那麼，這一誤解是如何產生的呢？作為一個長期活躍於各類學校課程改革活動的學者，Bobbitt 留下了大量的檔案資料，可供我們去了解，他本人究竟想要建立一種什麼樣的課程，或者說，個性化課程。

　　1922 年出版的《洛杉磯的課程編製》（*Curriculum-Making in Los Angeles*）一書，是一部 Bobbitt 帶領的團隊基於對「洛杉磯初中、高中的課程規劃進行再檢驗」而得來的成果。在這部書中，Bobbitt 盡可能詳盡地呈現了他認為理想的課程。為了衝破學術性課程的樊籠，Bobbitt 將一份幾乎囊括一個人生活全部方面的「建議性的能力和品質清單」列為了課程的核心部分。Bobbitt 認為，「經驗本身就有教育內涵」（Bobbitt, 1922, p.42），因此他採用的計畫是「將這些目標單列，或者組合成一個具有關聯性的目標群，同時明確地陳述出一個孩子如果想要達成預定目標，就需要親身體驗的特定事項」（Ibid., p.39）。他尤其關注那些和一個人的職業及公民生活相關的教育目標。Bobbitt 已經意識到，大學的入學要求已經在相當程度上宰制了高中的課程。然而，還有許多高中生是不會走入大學的。為了讓這些孩子也在高中期間度過一段有意義的時光，Bobbitt 引入了許多實踐性很強的課程供他們選修。能力和品質的清單早已經超出了傳統學術科目的範疇，學生們的選擇也更為多樣。例如：女孩們可以學習縫紉、洗衣、家用設備與機械、園藝、養育兒童等等；而男孩們，則可以在學校得到農業、林業、動物養殖、商貿、運輸、書記員工作等領域的專業培訓（Ibid., pp.33-61）。更為重要的是，Bobbitt 能始終夠意識到，「農民、小零售商、家庭主婦、工匠、工人以及那些沒有一技之長的勞工」和其餘勞動階層一樣為大眾的普遍福祉服務，然而「他們的工作還遠沒有被視為公共服務的一部分」（Bobbitt, 1918, p.59; Liu, 2016, p.69）。作為教育的一種結果，新一代更具專業性和責任心的勞工被培養出來之後，這種情況很可能迎來一些改善。Bobbitt 自己的感覺是，「從一種舊有的習俗之中，一種新的習俗正在升起」（Bobbitt, 1925, p.627）。事實上，這樣一種藍圖成為了日後美國綜合高中的核心精神所在。

　　大約三十多年過去之後，在一篇發表於 1951 年的論文中，在芝加哥 Wells 高中工作的 Paul R. Pierce 介紹了另一項在 Bobbitt 指導下完成的課程改革實驗。這篇文章發表的時候，這項改革已經進行到第 15 個年頭了。

很明顯，在 Pierce 眼中，Bobbitt 課程理論的核心就是「一個人如何生活，就學到什麼東西」，而且「這一套課程理論將我們想要達成的學生在行為方面的變化作爲教學目標」。Pierce 還特別加以提醒，這裡所謂行爲方面的變化，「是在一個很寬的意義上來使用的，包括了思考、感受、行動」。基於這種理念，「該高中的教師們將傳統課程的目標──記住那些學術性內容──更替爲對成功日常生活經驗的落實」，而「這種堅持讓學生感受日常生活經驗的作法，正是這種課程重構的核心所在」（Pierce, 1951, p.204）。在獲得了「學校贊助者、家長和社區成員」（Ibid., p.207）的認同之後，教師也提供了更多機會，讓學生參與到社會實踐中去。整個教學科目的拓展，都旨在爲學生「經驗的引導提供一個可行的框架」（Ibid., p.205）。

這篇論文很好地呈現了 Wells 高中的風貌，也至少能讓我們看到，Bobbitt 的同時代人從來沒有將他視爲一個只關注於效率或者行爲主義的機械理論家。

Bernard George DeWulf 在他完成於 1962 年的博士論文[3]中談到，Bobbitt 在求學過程中曾深受 Spencer《教育》（*Education*）的影響。據信，這本書「影響了 Bobbitt，讓他也同意，學生首先需要知道的，是如何正確地生活」，而唯有透過生活中切實的經驗，才能學到課程中內容（DeWulf, 1962, p.27）。Spencer 始終悲歎當時的教育中「裝飾性知識超過了實用性知識」，而「那些真正能幫助到人的知識則被反覆推遲，人們還對之叫好」（Spencer, 1884, p.6）。Spencer 所指的「裝飾性知識」，正是當時的學術性課程。作爲一個鄉村教師的經驗，以及在菲律賓師範學校[4]

---

[3] 當 DeWulf 撰寫他的博士論文的時候，他還有機會訪問到 Bobbitt 的遺孀，並且「在 Bobbitt 去世四年之後，實地探訪了他的私人書房、論文及列印出來的報告」（DeWulf, 1962, p.5）。Bobbitt 的女兒也提供了很多回憶材料。這些都使得 DeWulf 對 Bobbitt 早年生活的描述高度可靠。

[4] 這所學校於 1991 年升格爲菲律賓師範大學（Philippine Normal University）。

參與課程開發的經驗都讓 Bobbitt 意識到，從美國簡單移植過去的學術性課程根本無法滿足菲律賓人的需要。由此，他才帶動著將大量的活動課程引入了當地的教育（Bobbitt, 1918, pp.283-284）。由此也就不難理解，為什麼日後的 Bobbitt 會將「經驗」這一概念視為自己課程理論的奠基石。

在幾乎同一時間，Dewey（1859-1952）主要在自己實用主義哲學理論的基礎上發展出了自己的課程理論，這一理論將「經驗建構為自我和環境的交互作用」（Perkinson, 1987, p.209）。Dewey 的理念在他自己的《兒童與課程》（*The Child and the Curriculum*, 1902）一書中得到了充分呈現。Bobbitt 和 Dewey，完全是從不同的背景出發，也經由不同的理論路徑，但都得出了比較相似的結論，即反對傳統的學術性課程，更加關注於學生的經驗在課程中的地位。[5]

不過，一個教育學者是如何被其他人所認識的，往往不是由他自己來決定的。如 Elliot Eisner 所言，社會效率論、科學管理原理及心理學上的測量學派已經是二十世紀二〇年代美國教育語境中不可小覷的一部分了（Eisner, 1967, pp.29-30）。作為一個熱衷於將科學援引入教育的學者，Bobbitt 本人在當時暴得大名，很大程度上也是因為這一社會風潮。Callahan 的研究表明，Bobbitt 在當時常常被各地教育委員聘請為學校調查和削減學校開支的專家。他固然有心將學校打造為社區的中心並且為社會的審美鑑賞帶來「緩慢但穩步的提升」（Bobbitt, 1911, p.120），但這類東西往往不是當地教育官僚感興趣的話題。其實，同樣的事情也發生在 Dewey 身上，因為隨著他的作品在大約二十世紀前十年越來越流行之後，他常常為簡化為一個「兒童中心」的教育學者（Cremin, 1964, p.120; Tanner & Tanner, 1990, pp.148-157）。雖然「在二十世紀二〇年代的晚期和

---

[5] 事實上，另一位常常也被劃歸入社會效率主義陣營的學者 Werrett Wallace Charters 在自己專著《課程建構》（*Curriculum Construction*, 1925）的序言部分同時感謝了 Bobbitt 和 Dewey 兩人。當時這幾位學者的私人關係似乎比我們想像的更為密切。

三〇年代，Dewey 就尖銳批評那些在他眼裡對自己理論的扭曲和誤解」，然而很多極端兒童中心主義的擁護者，尤其那些對兒童採取近乎放任態度的教育工作者，依舊將自己的理論源頭認定為 Dewey（Tanner & Tanner, 1990, pp.151）。這種理論背景很容易就漸漸讓 Bobbitt 和 Dewey 的形象走入了兩個對立的極端。

　　Hollis L. Caswell 和 Doak S. Campbell 合著於 1935 年的《課程發展》（*Curriculum Development*）是一本比較早在大學裡廣泛使用的課程理論教材了。這本書就幾乎只談及了 Bobbitt 的「活動分析法」，並開始將 Bobbitt 的學術形象固定在這個方面。再等到一篇發表於 1965 年的名為〈經驗課程這一詞彙的歷史變遷〉（The Historical Development of the Term, Experience Curriculum）的論文中，作者已經明確認為「經驗概念的課程源於 Dewey 的兒童中心學派」（Phillip, 1965, p.123）了。很明顯，「經驗課程」這一概念的專屬權在這個期間被完全歸於 Dewey，這也成了日後很多學者的共識。

　　從二十世紀五〇年起，科學，尤其是科學在人文和社會科學的過分誤用開始為學者們所反思。Hayek 的《科學的反革命》（*The Counter-Revolution of Science*, 1952）就屬於比較早的代表作之一。課程理論學界對此的反應稍有些晚，但形成之後主要演變為對 Tyler 原理的批評。Tyler 原理脫胎於 Tyler 在 1949 年出版的名作《課程與教學的基本原理》（*Basic Principles of Curriculum and Instruction*）。這本書當之無愧地屬於這個領域中「有史以來最有影響力的單篇作品」（Pinar et al., 2004, p.148）。Tyler 原理基本屬於一種線性的、帶有行政色彩的課程編製流程。Tyler 在自己的書中界定了對課程而言最核心的四個環節：(1) 選擇和定義教學目標；(2) 選擇合適的學習經驗；(3) 對學習經驗的組織，以實現教學目標；(4) 評價。Tyler 原理的簡明實用使之對當時的眾多教員而言極具吸引力。不過，到了六〇年代，從人本主義心理學那裡開始了對 Tyler 原理的學術反思，這集中體現在 Abraham Maslow 和 Carl Rogers 的工作之中（Ibid., p.178）。

兩人都認爲，人本主義的精神在很大程度上被這種行爲主義導向的課程所丟失了。在一本出版於 1973 年的論文集的序言中，有學者已經坦言「人們已經開始公開撰文，質疑」（Ibid., p.198）Tyler 原理了。簡而言之，這樣一種號稱能應用於所有課程編製工作的科學原理，事實上只呈現出了科學的自大，也即一種科學主義（Scientism）的病症。如 Noddings 所批判的那樣，「一個致力於轉變學生認知結構的教師會更關心一個學生是如何思考的，而不僅僅是他思考出來的結果。有這種理念的教師就不會只給學生教授那些已經預定好的行爲導向的目標。目標一定要在已經露出一種萌芽狀態的情景中生成。」（Noddings, 1974, p.364）

　　Bobbitt 還在芝加哥大學執教的時候，Tyler 就在那裡求學。Tyler 也普遍被認作傳承 Bobbitt 學術衣缽的一分子（Hlebowitsh, 2009, p.276）。學者也普遍相信 Bobbitt 的科學方法「對 Tyler 的學術取向產生了至深的影響」（Pinar et al., 2004, p.149）。這也就不難想像，當 Tyler 成爲批判的對象時，Bobbitt 也會被視爲效率主義和科學主義的源頭，面臨著類似的批評。而另一方面，那些人本主義心理學家以及那些強調學生認知層面的課程理論學者又很容易將 Dewey，一個「兒童中心」的象徵，視爲他們的理論先導。課程理論界在六○年代的這一對峙很清晰地呈現在他們對歷史的理解之中。Callahan 頗具影響力的名作《教育與效率崇拜》（*Education and the Cult of Efficiency*, 1962）就可謂是此中典型。Callahan 在書中認爲，Bobbitt 完全接受了 Taylor 的科學管理。但其實，Bobbitt 在自己的書中花了相當的篇幅來談論「Taylor 系統相對而言失敗的地方」，並且將其歸因爲「未能吸納人們的智慧和主動性」（Bobbitt, 1918, p.84）。遺憾的是，Callahan 的著作已經成爲教育學界的經典，而 Bobbitt 的形象已經在相當程度上被固化了。

　　Eisner 和 Elizabeth Vallance 在 1974 年主編了一本論文集《課程中相互衝突的概念》（*Conflicting Conceptions of Curriculum*）。這裡的「衝突」一詞，就頗能呈現出課程理論中相對立的觀點已經發展到了勢如水火的

程度。在導言部分，Eisner 寫道，「在這一體系中，首先需要了解的是在『兒童中心對壘社會中心』的陣營分化中，兩者為吸收對方而進行的對抗」，而前一個陣營是由「Dewey 及進步主義教育學者」所組成的（Eisner & Vallance, 1974, p.3）。Eisner 和 Vallance 在理論上是親近 Dewey 的，他們沒有明確指出誰組成了後一個陣營。不過，當時的讀者顯然都能猜想到答案是誰。與此同時，人們還普遍相信，「與兒童的興趣、衝動、主動性，以及自由密切聯繫在一起的，是兒童的行為——透過活動來學習」（Tanner & Tanner, 1990, p.154）。

在《理解課程》這部書中，Pinar 等學者明顯接受了課程學界的這種理論設定，而這一經典的歷史敘事很快就演變為 Pinar 等學者所說的「二十世紀二〇年代見證了兩種對立的改革運動的興起：以 Bobbitt、Charters、Snedden 為代表的社會效率主義運動和以 Dewey、Kilpatrick、Childs 等人為代表的進步主義運動」（Pinar et al., 2004, pp.116-117）。由此一來，那些同樣強調兒童的重要性，或者注重學習的智性層面的學者和 Bobbitt 之間似乎就出現了一條鴻溝。但正如我們所分析的那樣，這條鴻溝很大程度上是人為假想出來的。

很有趣的是，在一次 1981 年的訪談中，Tyler 談道，「當人們說『Tyler 原理』是一種單向流程的時候，這就好比是說 Dewey 只注重兒童的興趣。」（Tyler, 1989, p.252）顯然，Tyler 並不滿意人們對他和 Dewey 的過度簡化。

遺憾的是，這種缺乏根基的歷史敘事已經成為今天的主流，甚至成為了課程理論界近乎常識的一部分。[6] 但其實，這種敘事完全將 Bobbitt 簡

6　例如：大多數日本學者都接受了美國學者對Bobbitt的看法。佐藤學也認為Bobbitt是社會效率主義教學法的代表人物，將學校直接等同於工廠，追求生產的高效性（佐藤学，2011，第20-22頁）；在為日本的《當代課程辭典》撰寫「ボビット（Bobbitt）」這一辭條時，中野和光也是從社會效率主義的視角來闡釋Bobbitt的（日本カリキュラム學會，2001，第509頁）。

化了，忽略了他的理論的複雜性，也忽略了課程理論從一開始就具備的複雜性。

陸　結論

Bobbitt 的課程理論真的經歷過兩個階段嗎？基於以上的論述，答案應當是否定的。他的課程理論呈現出比較明顯的一貫性，並無任何激烈的轉向。

當然，任何一個今天的人都不可能和昨天的他完全一樣。Bobbitt 在課程領域工作了超過三十年，自然也會對自己的課程理論進行一定的修正。鑑於這篇論文的主旨是為了澄清現有認識中存在問題的地方，故而對他有所修正的部分往往存而不論了。在這方面還有待將來更為細緻的闡釋工作。

撰寫任何一種歷史都免不了普遍化或者抽象概括。有時候，這就難免會有將歷史簡化之虞。在編纂教科書的時候，這種情況尤甚。我們過去對 Bobbitt 帶有簡化之嫌的敘述顯然就屬於這一類情況。一些教育學者，尤其是那些在當時曾經有著巨大影響力的教育學者的複雜性，往往在這種敘述的過程中被簡化為幾條明晰、武斷的標語。我們對這種歷史人物的理解也往往和誤解混雜在一起。這是我們在研究過程中需要高度重視的一點。

參考文獻

日本カリキュラム学会編（2001）。現代カリキュラム事典。東京：ぎょうせい。

佐藤学（2011）。教育方法学。東京：岩波書店。

Bobbitt, F. (1911). A City School as a Community Art and Musical Center. *The Elementary School Teacher*, *12*(3), pp.119-126.

Bobbitt, F. (1918). *The Curriculum*. Boston: Houghton Mifflin Company.

Bobbitt, F. (1921). A Significant Tendency in Curriculum-Making. *Elementary School Journal*, *21*(8), pp.607-615.

Bobbitt, F. (1922). *Curriculum-Making in Los Angeles*. Chicago: The University of Chicago.

Bobbitt, F. (1924a). *How to Make a Curriculum*. Boston: Houghton Mifflin Company.

Bobbitt, F. (1924b). The New Technique of Curriculum-Making. *Elementary School Journal*, *25*(1), pp.45-54.

Bobbitt, F. (1925). Review of Curriculum-Adjustment in the Secondary School by Philip W. Cos. *The School Review*, *33*(8), p.627.

Bobbitt, F. (1941). *The Curriculum of Modern Education*. New York: McGraw-Hill Book Company.

Bode, B. H. (1927). *Modern Educational Theories*. New York: The Macmillan Company.

Callahan, R. E. (1962). *Education and the Cult of Efficiency*. Chicago: The University of Chicago Press.

Charters, W. W. (1925). *Curriculum Construction*. New York: The Macmillan

Company.

Cremin, L. A. (1964). *The Transformation of the School*. New York: Vintage Books.

DeWulf, B. G. (1962). *The Educational Ideas of John Franklin Bobbitt*. Doctoral dissertation of Washington University.

Eisner, E. W. (1967). Franklin Bobbitt and the "Science" of Curriculum Making. *The School Review*, 75(1), pp.29-47.

Eisner, E. W. (2002). *The Educational Imagination: On the Design and Evaluation of School Programs*. New York: Pearson Education, Inc.

Eisner, E. W., & Vallance, E. (1974). *Conflicting Conceptions of Curriculum*. Berkeley: Mccutchan Publishing Corporation.

Hlebowitsh, P. S. (2009). Generational Ideas in Curriculum: An Historical Triangulation. In D. J. Flinders & S. J. Thornton (Eds.), *The Curriculum Studies Reader*. New York: Routledge.

Lagemann, E. C. (2000). *An Elusive Science: the Troubling History of Education Research*. Chicago: The University of Chicago Press.

Liu, X. (2016). Revisiting Franklin Bobbitt's thoughts on vocational education. *The Journal of School & Society*, Vol. 3, No.1, pp.65-70.

Noddings, N. (1974). Competence theories and the science of education. *Educational Theory*, 24(4), pp.356-364.

Perkinson, H. J. (1987). *Two Hundred Years of American Educational Thought*. London: University Press of America.

Phillips, R. C. (1965). The Historical Development of the Term, Experience Curriculum. *History of Education Quarterly*, 5(2), pp.121-130.

Pierce, P. R. (1951). Extending Curriculum Theory: A Transition Experiment. *The School Review*, 59(4), pp.203-211.

Pinar, W. F., William, M. R., Patrick S., & Peter M. T. (2004). *Understanding*

Curriculum. New York: Peter Lang Publishing, Inc.

Spencer, H. (1884). *What Knowledge is of Most Worth*. New York: John B. Alden, Publisher.

Tanner, D., & Tanner, L. (1990). *History of the School Curriculum*. New York: Macmillan Publishing Company.

The National Society for the Study of Education (NSSE) (1926). *The foundation of curriculum making. Twenty-sixth yearbook*, Part II. Bloomington: Public School Publishing Company.

Tyler, R. (1989). *Educational Evaluation: Classical Works of Ralph W. Tyler*. Boston: Kluwer Academic Publishers.

Willis, G., Schubert, W. H., Bullough, R. V., Kridel, C., & Holton, J. T. (1993). *The American Curriculum: A Documentary History*. Westport: Greenwood Press.

第一章 為成年生活做準備：回歸 Bobbitt 的課程遺產

丁道勇 [1]

 ## 摘要

Bobbitt 明確提出，教育是「為成年生活做準備」。這個觀念包含對學校課程的兩個重要判斷：第一，學校課程是校外生活的補充。第二，學校課程要面向真實的生活。學校課程與校外生活之間的隔離和對抗，造成了學校教育病。在問責的時代，「為成年生活做準備」是一個值得重新回歸的課程學主題。

關鍵詞 Bobbitt、為成年生活做準備、校外生活

---

[1] 丁道勇，北京師範大學副教授。

壹 提出問題

　　在 1918 年出版的《課程》（*The Curriculum*）和 1924 年出版的《課程編製》（*How to Make a Curriculum*）兩本書當中，Franklin Bobbitt 都談到了「為成年生活做準備」這個主題。

　　理論核心是簡單的。無論如何變換，人類的生活都體現在一具體活動表現之中。為生活做準備的教育，就是那種明確、充分地為此類具體活動做準備的教育。（Education that prepares for life is one that prepares definitely and adequately for these specific activities.）（Bobbitt, 1918, p.36）[2]

　　教育主要是為成年生活做準備（education is primarily for adult life），而不是為童年生活。教育的根本職責，在於為成年期的那五十年做準備，而不是為童年期和青年期的那二十年（Bobbitt, 1924, p.8）。[3]

　　實際上，在 1916 年出版的針對 Cleveland 學校的調查報告中，Bobbitt（1916, p.101）就表達過類似的觀念：「我們關於 Cleveland 學校課程的討論，秉持的基本社會觀點是，有效的教學是透過參與生活中的各種活動，為成人生活做準備（preparation for adult life through participation in the activities of life）。」

　　Kliebard（1975）說：「在他（指 Bobbitt）的整個理論當中，就沒有比這（指『為成年生活做準備』）更重要的觀念了。」Kliebard 的這個判斷，基於三個理由：第一，基於該觀念，才值得對成人生活做細緻分析。第二，基於該觀念，才有面向不同人群的課程分類。第三，應掌握何種知

---

[2] 在劉幸的譯本當中，這段話譯作：「核心的理論是很簡單的。人類生活，無論種類多麼複雜，其組成部分都是各項專門活動的完成。教育為未來生活做準備，實則就是明確而充分地為這些專門活動做準備。」（博比特，2017，pp.35-36）

[3] 在熊子容的譯本當中，這段話譯作：「教育根本是為著成人生活，不是為著兒童生活。教育的根本職責，在準備成人時期底五十年生活，不是以兒童和青年期二十年的生活為目的。」（巴比特，1943，p.6）

識、技能或者素養，至今仍是課程行業的核心工作。

Kliebard（1975）的這些判斷和描述，主要分析了「為成年生活做準備」的觀念在 Bobbitt 理論體系中的位置。本文則意在表明，「為成年生活做準備」這個理論核心，對於今天的課程研究有什麼價值？

貳　課程遺產（一）：學校課程是校外生活的補充

Bobbitt 區分了「非定向的訓練」（undirected training）和「定向的訓練」（directed training）、「非定向的經驗」（undirected experience）和「定向的經驗」（directed experience），認為二者共同構成了「課程」，並透過這樣的「課程」來「為成年生活做準備」：「如果認為課程既包含定向的經驗，也包含非定向的經驗，那麼課程的目標就會是一個人要掌握的全部人的能力、習慣和知識系統等方面的總和。」（Bobbitt, 1918, p.43）可以看到，Bobbitt 在討論課程時並不限於學校，學校課程只能提供他所說的「定向的訓練」和「定向的經驗」。這個判斷，主要依據 Bobbitt（1918, p.43）對「課程」的定義：

因此，課程可以用兩種方式來界定：課程 (1) 是事關個人能力展開的全部經驗，既包括非定向的經驗，也包括定向的經驗。課程 (2) 是一系列有意為之的定向訓練的經驗，學校用以補充和完善個人的展開。我們這個行業往往在後一個意義上來使用「課程」這個術語。（The curriculum may, therefore, be defined in two ways: (1) it is the entire range of experiences, both undirected and directed, concerned in unfolding the abilities of the individual; or (2) it is the series of consciously directed training experiences that the schools use for completing and perfecting the unfoldment. Our profession uses the term usually in the latter sense.）

這段話在張師竹譯本（1928）和劉幸譯本（2017）當中，分別是這麼

翻譯的：

> 故課程一名詞，可用兩法以定其界說：（一）課程爲全部的經驗，不論其有無指導[4]，要有關於個人能力之發展；或（二）此爲一套特意調製之有指導的訓練經驗，學校用之以補充及完成其啟發之功者。教育界用此名詞時，常訓作第二義。（波比忒，1928，pp.48-49）

> 「課程」這個詞可以在兩種意義上加以界定：(1) 它是整個的經驗，既包括無指導的，也包括有指導的，都旨在拓展個體的能力；(2) 它是一整套有意識的指導下展開的訓練經驗，學校使用這套經驗，來使得個體能力的施展變得充分而完美。我們這一行業所謂的課程，往往取的是第二個含義。（博比特，2017，p.36）

張師竹譯本（1928）和劉幸譯本（2017）的這兩段譯文，我最看重的差別是對 "completing" 這個詞的翻譯。張師竹譯爲「補充」，劉幸譯爲「充分」。基於我自己的中文習慣，譯爲「補充」似乎更直白地表達了 Bobbitt 的原意：Bobbitt 意在讓學校課程，成爲「非定向的經驗」、「非定向的訓練」的補充。關於此，Bobbitt（1918, pp.44-45）寫道：

> 在通常的非定向的經驗中無法充分實現的目標，將成爲學校課程的目標所在。……在非定向的經驗之外，個人還有一些缺陷。從

---

[4] 把 Bobbitt 的 "undirected training" 和 "directed training" 分別譯作「無指導的訓練」和「有指導的訓練」，把 "undirected experience" 和 "directed experience" 分別譯作「無指導的經驗」和「有指導的經驗」，這個譯法讓我有點費解。Bobbitt 用 "directed" 和 "undirected"，不過是要區分一種經驗是不是「專門」服務於某些目標而已。換言之，有的「訓練」和「經驗」有明確的目標指向，而有的則沒有。Bobbitt 並不討論某些「經驗」是否有教師做指導，也不討論某些「經驗」是否有「指導」（guidance）的教育價值。因此，我將 "undirected" 和 "directed" 分別譯作「非定向的」和「定向的」。

中，我們就可以發現定向訓練的課程。

　　如果我們把「課程 (1)」當作一個完整的全體，那麼「課程 (2)」就只是其中的一部分。「課程 (2)」之所以必要，就是因為構成「課程 (1)」的「非定向的經驗」有力所不逮之處。同時，Bobbitt 也提到了「課程 (2)」有自己的侷限性。僅僅是「定向訓練」，並不能完成「為成年生活做準備」的重任。要完成「為成年生活做準備」，得靠「非定向的」經驗和「定向的」經驗共同發揮作用。我們甚至可以說，離開了「非定向的經驗」，Bobbitt 的學校課程就會失去源頭，屆時「課程 (1)」無法完成，「課程 (2)」的必要性也無從判斷。

　　Bobbitt 認為「定向的經驗」是「非定向的經驗」的補充、「學校課程」是「校外生活」的補充。這算不得什麼驚人的洞見。譬如，Washburne（1928, p.25）在《更好的學校》（*Better schools: A view of progressive education in American public schools*）一書當中，明確評論過美國在紅房子時代以後的學校教育問題。從中我們可以得知：在公立學校系統建立起來以前，美國的國父們在童年時期只花很少時間在校內掌握讀寫算的技能，但是會花大把時間在社會生活中經受歷練。在 Dewey（杜威，2006，p.8）那裡，類似的問題被表述為，在學校系統建立起來以後，「正規的教育」（formal education）和「非正規的教育」（informal education）之間求取平衡的難題。

　　但是，只是透過 Bobbitt「為成年生活做準備」的觀念以及其他補充闡述，我們才更加明確了學校課程的屬性：在 Bobbitt 那裡，學校課程被認為是校外生活的補充，學校課程本身不構成一個有獨立功能的整體。Bobbitt 這樣的課程專家，實際上是在做一個拾遺補缺的工作。他們的邏輯很簡單：正因為校外生活不足以擔綱，校內課程才需要面向實際做補充和修正。因此，在統一的「為成年生活做準備」的理念下，Bobbitt 假設兒童已擁有豐富的校外生活，並且校外生活也對「為成年生活做準備」這

個總目標做了莫大貢獻。他的「活動分析」法固然是爲了指導學校課程的編製，但是眼光並不侷限於學校課程。換言之，校內外的結合，才可以完成 Bobbitt（1918, p.36）所說的對於成人生活的「明確、充分的」（definitely and adequately）準備。

　　Bobbitt（1918, p.43）寫道，課程行業的從業者容易只想到課程的第二個定義。也就是說，課程從業者關心學校課程，以至於到了只關心學校課程的程度。同時，上述分析也表明，學校課程在 Bobbitt 的眼中只是校外生活的補充，學校課程不能取代校外生活、不是一個能獨立發揮功能的存在。Bobbitt 在一百年前的這個主張，是「爲成年生活做準備」這個觀念帶給我們的第一份課程遺產。

參　課程遺產（二）：學校課程要面向眞實的生活

　　Bobbitt（1924, pp.8-10）借助「活動分析」（activity-analysis）來確定課程目標，進而完成「爲成年生活做準備」的任務：第一步，把廣泛的人類經驗分解爲主要的活動領域。第二步，逐一將各個活動領域分解爲更加具體的活動。第三步，識別教育目標，即逐一識別妥善完成該活動所需要的能力。譬如，在《課程編製》一書的第二章當中，Bobbitt（1924, pp.8-29）區分了 10 個主要的活動領域，進而識別出 161 個主要的教育目標。又譬如，在《洛杉磯的課程編製》（*Curriculum-making in Los Angeles*, 1922）一書的第二章當中，Bobbitt（1922, pp.4-32）區分出完全相同的 10 個主要活動領域。但是，僅在「非專業性的實務活動」這一類當中，他就識別出 14 個亞類共計 332 項具體活動。簡要來說，「活動分析」的方案，是要提取那些在成功的生活當中最常被需要的活動並進行歸類，隨後轉譯爲學生的校內學習經驗。

　　顯然，Bobbitt 的「活動分析」需要預先假設高效的、成功的和有用

的生活是個什麼樣子。Bobbitt（1916, p.16）寫道：「讓一個人變得成熟，是真正的服務於社區生活的教育。這種成熟，是以在這個社區長大的最好的成年人為代表。任何比這少的教育，其目標都是短缺的。任何比這多的教育，都是被誤導的。」可惜的是，這個假設本身，成了主觀性的一個溫床（Schubert et al., 2012, p.24）。結果，一個自稱是科學時代的課程編製方案，在源頭上就蒙上了主觀的色彩。概言之，Bobbitt 的「活動分析」是從對「是什麼」的描述，直接得出了「應如何」的判斷。這種自信的推理過程，犯了 Hume（休謨，1980，pp.509-510）所指出的那種錯誤。舉例來說，為了決定何種外語適合作為休閒時學習，Bobbitt（1918, p.271）給出的方案是做社會調查：調查市面上可以找到的英語譯本，看看何種外語作品的譯本數量最多、品質最高。他給出的調查結果表明，法語、希臘語的譯作最多，而東方國家語言和西班牙語的譯作最少。結果，Bobbitt 就建議首選法語、希臘語，而東方國家語言包括中文自然沒有什麼學習的必要。Bobbitt 這一課程方法在常道直（巴比特，1943，p.2）看來是「因襲的」，在 Jackson（1992）看來是「地方主義」（localism），而 Eisner（1967）直接說 Bobbitt 不是一個社會改造主義者（social reconstructionist）。

　　除此之外，站在今天的立場來看，Bobbitt 對於「為成年生活做準備」所規劃的課程方案，還存在大量漏洞。譬如，Bobbitt 的課程思想存在「中立幻覺」：「活動分析」的物件，是經過篩選才得到的。Bobbitt 相信在當前的社區當中，有一種最優的生活方式，而其餘生活都不值得過。他的這些選擇似乎都是「價值中立」的。甚至於，他在給一部分人設計專門的課程時，也總是直接大膽的。換句話說，Bobbitt 的「活動分析」法，只在一個沒有衝突的世界裡運轉。一旦進入多元文化的世界，這個方法馬上就會失靈。又譬如，Bobbitt 的課程思想存在「拼圖幻覺」：Bobbitt 假設課程可以像 LEGO 積木那樣，由一個個小的模組拼接成一個整體。透過「活動分析」得到的活動目標以及完成這些活動所需的相應經驗，就相當於一個個 LEGO 模組。課程編製者假設學生們在逐一完成各個小目標以

後，可以實現對某種整體的生活的準備。可惜的是，在拼接 LEGO 的過程中，設計師和熟手玩家的頭腦中可能有藍圖，可是初學者的頭腦中是沒有的。在我和孩子一起玩 LEGO 的時候，她只是模仿我搭建，在搭建完成之前，她並不能預想竣工後的模樣。可以說，Bobbitt 只做了分析的工作，沒有做整合的工作。他以為這樣的整合是簡單的，而事實上這正是課程中最困難的部分。即使是 Dewey 所說的經驗的改組和改造，都已經超越了 Bobbitt 這種「拼圖」式的累加策略。

其實，早在 1889 年的《我的教育信條》（*My Pedagogic Creed*）當中，Dewey（杜威，1994，p.6）就明確反對過「預備說」：「我認為教育是生活的過程，而不是將來生活的預備。」在《民主與教育》中，Dewey（杜威，2006）更是用專章來討論預備說。Dewey（杜威，2006，pp.80-81）指出了預備說的四個不良後果：第一，指向將來，缺乏緊迫性、直觀性，結果兒童喪失了做預備的動力。第二，指向將來，結果兒童難免懈怠。第三，以一般期望，替代個人的特殊需求。第四，失去現實性，結果教育得求助於附加的獎賞和懲罰。儘管就我目力所及，Dewey 從未在自己的作品中評論或引用過 Bobbitt，但是當我著手研究 Bobbitt 的「為成年生活做準備」的課程觀念時，第一個想到的就是 Dewey 對於「預備說」的旗幟鮮明的反對。用 Dewey（杜威，2006，p.82）自己的話來說：「預備說」的「錯誤不在重視為未來做準備的工作，而在拿未來當作現在努力的主要動機」。那麼，Dewey 的「預備說」可以構成對 Bobbitt 的「為成年生活做準備」觀念的一個反駁嗎？我並不這麼認為。相反地，Dewey 對當下經歷的關注，正是 Bobbitt「為成年生活做準備」思想的題中之意。

從「為成年生活做準備」這個主題，我們至少讀出來兩個元素：第一，按照「當下的」成人生活，為未來的成人做準備。第二，幫助「當下的」孩子，給他的成年生活做準備。這兩個要素的共同關鍵字是「當下的」。換句話說，Bobbitt 的「活動分析」方法，儘管有這樣那樣的不足，但是它傳遞給我們這樣一個了不起的信念，即：學校要面向「當下的」真

實生活。Kliebard（1975）在文章中引用了 Bobbitt（1926）的一段話：「教育主要不是爲了某種將來的生活做準備。正相反，教育的目標是注重當下的生活（current living）。……事實上，生活不能『被準備好』，生活只能被活出來。」（Bobbitt, 1926, p.43，轉引自 Kliebard〔1975〕）Kliebard（1975）認爲，這段文字說明在 Bobbitt 的課程思想中存在自相矛盾。我認爲，這是 Kliebard 的一個誤讀。Bobbitt 所謂的「當下的生活」（current living）完全可以融合到「爲成年生活做準備」這個觀念當中去的。Bobbitt 正是透過「當下的生活」，來完成「爲成年生活做準備」這個教育任務。這樣看來，Bobbitt 的「爲成年生活做準備」，與 Dewey 批評的「預備說」不是一回事。Bobbitt 從早期作品開始，就在強調生活經歷的重要性，強調學校要面向眞實的生活。

　　儘管成年生活，會有一些無法預料的變化，比如新的職業門類會出現，舊的職業會消失（Bobbitt, 1916, p.14）。但是，在這個變化的世界裡，仍然有些主題是不變動的。比如，人們要懷有對眞善美的信心、要抵禦危險、要避免過一種無意義的生活。在這種上一代和下一代的傳遞過程中，一些已經發現的危險，一些已經建立起來的共同理解，都需要傳遞給下一代。沿襲 Bobbitt 的「爲成年生活做準備」的觀念，教育就有可能成爲基於兒童生命經驗的一樁事業。教育不是在一塊空地上建高樓，而是推動一個人在眞實生活經歷的基礎上不斷演進。正是在這一演進的過程當中，個人的生命品質發生了變化。學校課程對於當下眞實生活的關注，是「爲成年生活做準備」這個觀念帶給我們的第二份課程遺產。

肆　學校教育病與 Bobbitt 的課程遺產

　　現代學校系統的最大弊病，是在培養一部分人的同時，犧牲了另外一部分人。Wittgenstein（維特根斯坦，2016，p.55）說：「一旦看到了就

是最觸目最有力的東西，我們通常熟視無睹（129）。」學校系統的這種
兩面性，就是一個這種性質的議題。對這部分被犧牲掉的人，人們通常會
說：他們得到了應有的下場。這部分人不僅僅沒有從學校獲益，簡直可以
說是被學校教育毀滅掉的。我們用一個冷靜的中性詞彙來形容學校系統的
這個作用過程，我們把它叫做「篩選」。這種「篩選」符合現代社會的「精
英論」（meritocracy）價值觀──把「聰明」和「努力」當作分配權力、
分配資源的憑據；聰明才智的最沒有爭議的判斷依據就是考試分數和最終
學歷。人們普遍認為，基於個人才幹來分配資源是一種正義的方式。在今
天，送子女上學，就是送孩子參與這樣一個「努力爭上游」的過程。可惜
的是，成功者永遠不可能是全體。總有一些倒楣蛋，要接受失敗的命運。
如果承認學校系統的理想是培養人，那麼實際培養過程的這種「損耗」，
可以認為是對學校教育的最大諷刺。我將其稱之為「學校教育病」。

　　在我看來，學校教育病是與學校生活的某種意識形態特徵相聯繫
的。Dewey（杜威，1991，p.216）在《我們怎樣思維》當中寫道：「我們
教導學生生活於兩個分離的世界，一個是校外的經驗的世界，另一個是書
本和課業的世界。」照我的理解，「書本和課業的世界」是由學校教育制
度營造出來的。這個世界以統一的課程、統一的考核標準為標誌，它是一
個「統一」的世界。並且，正因為其「統一」，而成為一個充滿了「斧鑿
痕跡」的世界。我說的「斧鑿痕跡」，指的是以各種公開和不公開的方
式，接納一部分生活內容、排斥另一部分生活內容。譬如，儘管生活中
有大量不能解釋的東西，但是學校提供的世界圖景，大體上是一個什麼都
得到了解釋的世界。William E. Doll（多爾，2000，2016）所謂的「後現代
範式」、「複雜性思維」被忽略了，學校裡流行的是一種「牛頓─笛卡爾
式」的世界觀。我理解的「校外的經驗的世界」是在真實的自然環境、社
會環境當中，憑藉個人經歷建構出來的世界。各種運氣─厄運、成功─失
敗、秩序─混亂、意義感─荒誕、公平─不公平，各種在─不在，各種未
實現甚至已然被遺忘的夢想、激情、苦惱、無聊，大量的空白時段、各種

毫無關聯的記憶，構成了這個世界的內容，因而人人不同。所有這些重要的或者瑣碎的內容，都得自於眞實的經歷，這個世界充滿了眞實的質感，是當事人親自活出來的。

在這兩個世界當中，學校做了選擇，表現出一種壓倒性的偏好。學校鼓勵學生們放棄對自己的直接經歷的信任，學校鼓勵學生們無條件地接受「書本和課業的世界」。學校許諾能給年輕人們提供一個最棒的世界圖景，學校帶領一代又一代的年輕人，進行一場爲期十數年的奇幻旅程。旅程結束的那一天，我們稱之爲「畢業」，又叫做「走入社會」。課程在塑造學校的這種意識形態偏好方面，厥功至偉：

> 教師雖然有著良好的初衷，但他們的工作卻不能與學生的「其他生活」聯繫起來。學生們認爲是他們日常生活中主要關心的事情，卻被教師看成是與學校教育和課堂教學不和諧的因素，但是又不能把這些因素與學生生活中的問題聯繫起來。……課程，……將教師和學生隔離開了。（古德萊德，2006，p.86）

Dewey（杜威，2006，p.8）在《民主與教育》一書當中，提到了「平衡」的問題，認爲「附帶式教學」與「刻意的教育」之間的平衡（「非正規的教育」和「正規的教育」之間的平衡）「越來越棘手」：

> 如何能在非正規的與正規的教育模式之間、在附帶式教學與刻意的教育之間找到維持恰當平衡的方法，乃是教育理念該處理的一大要務。……隨著學校教育的發展越趨專門化，如何避免這種分裂，是越來越棘手的問題。

我認爲，正是「兩個分離的世界」的衝突，造就了學校教育病。第一，非此即彼：每一個幼稚園寶寶今後都要變成「好學生」或者「壞學

生」。更有不少父母會因爲自家孩子在學校教育上的失敗，而對自己的親生骨肉失去希望，甚至視之如寇讎。學校教育對一部分人來說是福音，對另一部分人來說是厄運，儘管教育本應增進人類的福祉。第二，世界觀的霸權：學校教育教人崇尚一種世界觀，同時貶損另一種世界觀，甚至從根本上取消它們的合法性。在這個你追我趕的「書本和課業的世界」裡，凡是無助於競勝的東西，都是不相干的東西。以目標驅動的學校「課程」的存在，本身就構成一個很有意思的文化符號，「書本和課業的世界」的霸權地位一目了然。人們把兒童從一個包含多個年齡層、包含好人也包含壞人的混亂而實際上秩序井然的世界帶走、關進學校，寄養在一個生態多樣性極其惡劣的溫室當中。

Peters（1966, p.178）曾寫過一段很棒的話，描述了那種克制了學校教育病的教育系統的美好狀態：

> 教育不僅服務於聰明人。教育不是這樣的問題，某些人適合，某些人不適合。更恰當的是，教育是關於不同的個人，能夠在同一條探索道路上走多遠的問題。……有些人可以在這條道路上走得更遠。這個事實不意味著其他人完全不會前進。生活的品質，不是智力精英的特權。

我認爲，Bobbitt 的「爲成年生活做準備」的思想提出了一個有價值的命題，只是沒有給出好的答案。在他那個時代的哲學，還沒有 Edmund Husserl、Martin Heidegger、Hannah Arendt、Jacques Derrida、Emmanuel Levinas，教育哲學領域還沒有 Maxine Greene、Jim Garrison、Gert Bista、Chris Higgins 這些人。這些哲學家和教育哲學家，可以爲一個實用主義教育哲學無法回答的問題做出貢獻，即：教育中人和人的相遇，發生了什麼？在這個過程中，個人的生命經驗，意味著什麼？如果沒有這樣的認識，那麼在「兩個分離的世界」的衝突面前，「校外的經驗的世界」就總

是容易失勢。那些熱情洋溢的另類教育的辦學者和二十世紀早期的進步教育者一樣，不能承擔這種理論解答的重任。對這個問題的回答，需要一種教育哲學討論來作爲根底。

　　無論如何，我相信常識是重要的，常識可以抵禦人的澈底脫軌，可以讓極端的惡儘量遠離人間。Bobbitt 的「爲成年生活做準備」的思想所包含的兩項課程遺產，在當前來看完全不過時，而且愈加重要。在標準化測驗（如 PISA、high stake testing）的時代、在凡事講究問責（accountability）的時代、在「學校教育病」愈加彰顯的時代，我們需要重新思考 Bobbitt 的課程遺產：第一，學校課程是校外生活的補充。第二，學校課程要面向眞實的生活。

〔伍〕 結論：回歸「爲成年生活做準備」

　　對於 Bobbitt 的作品，我一開始並沒有什麼好印象。他的書和 Ralph Tyler 的書一樣，顯得枯燥乏味了一些。只是因爲在授課時要講「課程」這個專題，所以才會提到他。他書中的那些枯燥的內容，完全不能激發我的頭腦。我一度覺得他的書只能算一份說明書，完全缺乏理論的光彩。況且，Bobbitt 規劃的「教育工程師」（educational engineer）的角色，今天怕是很少有課程學家在扮演了。今天在課程領域工作的教授，很少擔任像他那樣的社會調查員、評議者的角色。概括來說，過去我看 Bobbitt，完全是把他當作一個歷史人物，而並非因爲他的理論有什麼吸引力。我之所以要在課上講 Bobbitt 和 Bobbitt 的書，完全是出於一種鑑賞古物般的動機。

　　基於本文報告的這些研究和思考，我改變了自己的觀感。我現在覺得，Bobbitt 提出的「爲成年生活做準備」這個命題相當有價值，只是因爲他的「活動分析」法過於淺白而受到牽累。事實上，對於 Bobbitt 的許多批評意見，並不指向「爲成年生活做準備」這個觀念本身。「爲成年生

活做準備」這個觀念，曾在課程學誕生之初，爲課程專家們開闢了專業生存空間，但是很快就被整個領域的從業者們放棄了。「課程設計（編製）」被「課程理解」、「課程批評」所替代。課程理論家在教育中的位置，逐步邊緣化。

　　本文的結論是：學校教育當然應該「爲成年生活做準備」。學校教育面向當代社會生活，以務實的態度服務家庭、服務個人，這是一種與家長、校長、教師的教育常識更加匹配的課程觀念。如何「爲成年生活做準備」，這個議題有必要重新回到課程專家們的視野中來。「爲成年生活做準備」是 Bobbitt 給課程學規劃的經典議題，是他留給我們的寶貴課程遺產。

參考文獻

巴比特（1943）。**課程編制**。上海：商務印書館。

波比忒著，張師竹譯（1928）。**課程**。上海：商務印書館。

博比特著，劉幸譯（2017）。**課程**。北京：教育科學出版社。

多爾著，王紅宇譯（2000）。**後現代課程觀**。北京：教育科學出版社。

多爾著，張光陸等譯（2016）。**後現代與複雜性教育學**。北京：北京師範大學出版社。

杜威著，姜文閔譯（1991）。**我們怎樣思維‧經驗與教育**。北京：人民教育出版社。

杜威著，趙祥麟、任鍾印、吳志宏譯（1994）。**學校與社會‧明日之學校**。北京：人民教育出版社。

杜威著，薛絢譯（2006）。**民主與教育**。臺北：網路與書。

古德萊德著，蘇智欣、胡玲、陳建華譯（2006）。**一個稱作學校的地方**。上海：華東師範大學出版社。

休謨著，關文運譯（1980）。**人性論**。北京：商務印書館年。

維特根斯坦著，陳嘉映譯（2016）。**哲學研究**。北京：商務印書館。

Bobbitt, F. (1916). *What the schools teach and might teach*. Cleveland, OH: The Survey Committee of the Cleveland Foundation.

Bobbitt, F. (1918). *The curriculum*. Cambridge, MA.: Houghton Mifflin Company.

Bobbitt, F. (1922). *Curriculum-making in Los Angeles*. Chicago, Ill.: The University of Chicago.

Bobbitt, F. (1924). *How to make a curriculum*. Cambridge, MA.: Houghton Mifflin Company.

Bobbitt, F. (1926). The orientation of the curriculum-maker. In *The foundations and technique of curriculum-construction*. (part 2. pp.41-55). Bloomington, Ill.: Public School Publishing Co.

Eisner, E. W. (1967). Franklin Bobbitt and the 'science' of curriculum making. *The School Review*, *75*(1), pp.29-47.

Jackson, P. W. (1992). Conceptions of curriculum and curriculum specialists. In P. W. Jackson (ed.). *Handbook of research on curriculum* (pp.3-40). New York, NY: Macmillan Publishing Company.

Kliebard, H. M. (1975). The rise of scientific curriculum making and its aftermath. *Curriculum Theory Network*, *5*(1), 27-38.

Schubert, W. H., Schubert, A. L. L., Thomas, T. P., Carroll, W. M. (2012). *Curriculum books: The first hundred years* (2nd ed.). New York, NY: Peter Lang.

Washburne, W. (1928). *Better schools: A survey of progressive education in American public schools*. New York: The John Day Company.

第三章

課程理論的教育行政學源頭：以 Bobbitt 爲中心

劉幸

 摘要

　　學術界普通認同，芝加哥大學教授 Bobbitt 在 1918 年爲現代課程理論奠定了基礎。不過，少有人關注到的是，Bobbitt 的課程理論實則和當時的教育行政學有著密切的關聯。Bobbitt 一直以教育行政學教員的身分工作，並且是在教育行政管理的調研之中逐漸產生了對課程問題的興趣。他在創立自己的課程理論時大量借鑑了教育行政學的理論資源，從而使得課程理論在創設之初就和教育行政學有諸多一致之處。教育行政學給課程理論打下的烙印深刻影響了日後課程理論發展的方向。

關鍵詞 Bobbitt、課程理論、教育行政學、課程

壹 問題的提出

今天的美國教育學界有一個普遍的共識，那就是美國芝加哥大學 John Franklin Bobbitt（1876-1956）教授於 1918 年出版的《課程》（*The Curriculum*）一書標誌著作為一門現代學科的課程理論的誕生（Pinar, 2004: 70），Bobbitt 也由此被稱作「現代課程理論奠基人」。中國學者對此也基本持認同態度（鄭國民、劉幸，2016：122-127）。這一共識在很大程度上造成了一個意料之中的現象，那就是絕大多數討論 Bobbitt 的文獻都出自課程領域的學者之手，人們也主要是從課程理論、課程史的角度在理解 Bobbitt。

然而，真實的歷史和目前的這一認識尚有一定的偏差。事實上，Bobbitt 自 1909 年入職芝加哥大學，到 1941 年退休，終其一生都是作為一名「教育行政學」（Educational Administration）的大學教員而被聘用的。儘管 1918 年的《課程》一書為 Bobbitt 在課程理論領域贏得了永久性的聲望，但在這本專著出版前後，Bobbitt 事實上撰寫了《普遍的組織與管理》（*General Organization and Management*, 1916）、〈在海灣學校測定教育效率的計畫〉（The Plan of Measuring Educational Efficiency in Bay School, 1918）等大量教育行政學方面的論文。更為重要的是，Bobbitt 在這兩個研究領域的寫作存在著密不可分的聯繫，對 Bobbitt 教育行政學方面論著的考察，將有助於我們更加深入地理解，現代課程理論是在一種怎樣的理論背景中萌芽生長的。

以筆者管見所及，美國的 Raymond E. Callahan、日本的河野和清、中國的陳如平等學者均已經評述過 Bobbitt 在教育行政學領域的研究。但這幾位學者自身都來自教育行政學領域，只是在梳理美國教育行政學演進的過程中談及了 Bobbitt 而已，Callahan 尤其將 Bobbitt 在教育行政學和課程

領域的研究進行了截然的區分[1]，未能進行對比性的闡發，由此就為本研究留出了很大的空間。

　　本文正是要力圖梳理 Bobbitt 的教育行政學理論，並和他的課程理論進行對比研究，還原出 Bobbitt 由一個教育行政學學者跨入課程研究的過程，進而揭示現代課程理論在萌芽期的理論背景。正如後文將會闡述的那樣，這個過程形塑了早期課程理論的諸多重要特徵，並且對今天的課程領域依舊發揮著深刻影響，其意義不容小視。

貳　Bobbitt 的教育行政學理念

　　如陳如平所言，「美國教育管理的實踐已有幾個世紀的歷史了，但是將教育管理作為一個專門的研究領域並試圖建立一門獨立的學科，則始於十九世紀末二十世紀初」（陳如平，2004：5）。這是一個美國各方面蓬勃發展的時期，城市化進程加快，大量人口聚集於城市，給教育的管理形態帶來了明顯的變化。過去鄉村中常見的一位老師、一間教室即是一所學校的狀況，已經不能應對城市中激增的兒童人數了。學校開始分設不同的班級、年級，聘用多位教師，並且衍生出脫離於一線教學的校長等管理類職務（Kowalski, 1993: 7）。面對日益龐大的學校體量，如何實現高效的統籌管理，就成了教育行政上的首要問題。

　　與此同時，美國的工業化和商業化也取得了矚目成就。「科學管理學之父」Frederick Taylor 於 1911 年出版《科學管理原理》（*The Principles of Scientific Management*）一書，較早將工商業的管理方法理論化，由此誕生

---

[1]　Callahan 曾評述道：「Bobbitt 也教過課、指導過管理研究，但 1917 年後，他開始對課程問題投入了更大的興趣，寫了大量這方面的文章。」（卡拉漢，2011：173，譯文略有改動）Callahan 的這一說法表明，在他看來，Bobbitt 的「管理研究」和「課程問題」是要區分開的。

了早期的科學管理原理，核心即兩點：標準化和效率化。科學管理原理對當時的教育實踐者們產生了不小的吸引力，人們普遍認為，教育管理也將不再依賴於個人經驗，而將有賴於一種科學化、標準化的理論指導。美國大學中教育管理學課程的設置就反映了這一趨勢。初創於 1899 年的這一課程，一開始多聘請一些經驗豐富的城市督學，然而自 1904 年以後，教育管理學就從「一種成功實踐者的通識類課程，轉向了一種更需要科學組織與專業化的授課」（卡拉漢，2011：180），其特徵之一就是統計方法的普遍應用，從而使得這門學科唯有受過專業訓練才能勝任，這極大地突顯了學科的專業化趨勢。Bobbitt 正是在這之後不久進入這一領域的。

1876 年，Bobbitt 出生於美國印第安那州。從印第安那大學畢業前後，Bobbitt 有過在鄉村中學執教的經驗。1902 年，Bobbitt 被派往菲律賓師範學校，指導當地的英語教學和教科書編纂工作。1907 年回國後，Bobbitt 進入克拉克大學，並於 1909 年獲得博士學位，旋即受芝加哥大學教育學院院長 Judd 之邀，前往該校任職。Bobbitt 的博士論文即是統計菲律賓兒童的成長資料，Judd 之所以看好這位年輕學者，和前述教育行政學領域的發展趨勢是密切相關的。

入職芝大後，Bobbitt 在教育行政學領域很快嶄露頭角。1911 年，他發表的論文〈鄉村聯合學校的高效性〉（The Efficiency of the Consolidated Rural School）當屬於這方面最早的成果。這篇論文討論當時美國鄉間各地合併學校的問題。Bobbitt 利用統計資料證明，合併後的學校有著更高的出勤率和學生學業水準。如果說這篇文章著眼於學生一方來討論學校的效率問題，那麼，發表於 1915 年的〈高中成本〉（High-School Costs）則著眼於教師一方探討效率問題。在這篇文章中，Bobbitt 提出，為了講授相同內容，不同學校在學生身上花去的時間是可以精確統計的。那些花費時長明顯高於平均水準的學校明顯存在效率問題。不難看出，提升學校效率是這一時期 Bobbitt 教育行政研究的核心所在。

Bobbitt 對教育行政學的理論思考則集中體現在他發表於 1913 年的

〈適用於城市學校系統諸多問題的一些管理學普遍原理〉（Some General Principles of Management Applied to the Problems of City-School Systems）一文之中。這篇長文刊載於美國教育研究會的第十二期年報，也可謂是 Bobbitt 這方面最具影響力的成果之一。

在這篇論文的開頭，Bobbitt 就明確提出，科學管理原理應當也適用於教育行政管理之中，因爲「管理、指導、監督的工作，是任何協作勞動都需要的職能」，而「在任何一個組織之中，指導者和監督者都必須明確地界定出這個組織要努力達成的目標」（Bobbitt, 1913: 7）。在文章中，Bobbitt 給出了七項[2]在他看來最爲關鍵的管理原理：(1) 一定要爲產品設定明確的質和量上的標準；(2) 從原材料到最終成品，每一個步驟都要設定質和量上的標準；(3) 找到在現有條件下最高效的順序，並且確保這種順序爲勞動者所貫徹；(4) 要爲勞動者設定標準；(5) 在工作之前，務必訓練勞動者，使之達到設定的標準；(6) 勞動者自身也要確保自己符合標準；(7) 要隨時給勞動者提供詳盡的工作指導，告知其達標任務，並指明工作方法（Bobbitt, 1913: 11-89）。

Bobbitt 強調教育是一種「協作勞動」，這七項原理的框架也確實將一線的教師、學校的校長，再到城市的督學都涵蓋進來了。從他的論述來看，教育行政中的管理者與被管理者同各項原理都有直接的關聯。例如：第一項原理是對標準的制定。隨著一種清晰而明確的標準劃定出來，督學可以很容易地判斷誰是達標情況不如人意的教師，這自然也就成爲了督學和校長要重點協助的對象（Bobbitt, 1913: 28）。當然，在這種協作勞動中，行政管理者仍舊是居於上位的，或者主要起指導性作用。例如在第三項原理中，Bobbitt 就強調「找到最合適的教學方法，這一工作主要由監督者來完成。找到最好的教學方法，這個擔子對普通教師而言，未免太重

---

[2] 在文章末尾，Bobbitt 還給出了四項原理，但受制於篇幅，他未能展開論述，本文也就不再加以羅列了。

又太過複雜了」（Bobbitt, 1913: 52）。對普通教師而言，忠實而高效地去達成已經設定好的教育標準，將是更為實際的一項任務。

從這裡不難窺見，對 Bobbitt 而言，教育行政管理的核心精神就是制定明確的標準，並透過對這種標準的執行，達成高效的教育活動。此外，由一批專門的管理者來監督、管理執行者的理念也體現得格外清晰了。根據 DeWulf 對 Bobbitt 生平的研究，Bobbitt 從 1910 年起即在芝加哥大學講授「教育行政學」的課程，主要講授「城鄉學校系統的組織、職能、機構和普遍的管理問題」。更為重要的是，這門課從一開始就「主要是面向未來的教育長官、校長、督學和商業管理者」（DeWulf, 1962: 90），我們甚至可以看到，在日後 Bobbitt 從事的大量實地調研中，為這位芝加哥大學教授提供協作的督學和校長們的身影都層出不窮。從這個意義上也可以講，Bobbitt 的教育行政學從一開始就和教育行政中的管理層走得更近。

參 從教育行政學向課程研究的轉換

那麼，Bobbitt 是如何從一個教育管理學的學者轉為一個課程理論學者的？這是一個饒有趣味的問題，也是本文要探究的核心問題。

教育行政學的發展帶動了一個非常明顯的改變，那就是大量的教育學教授開始深入一線，進行各種類型的學校調查工作。Bobbitt 也不例外，他發表於 1912 年的〈消滅教育中的浪費〉（The Elimination of Waste in Education）就是他基於對當時熱門的葛雷學校（Gary School）的考察而寫下的一篇論文。葛雷是印第安那州一個隨著美國鋼鐵公司（United States Steel Corporation）的發展而興起的城市，城市人口隨著工業發展而激增，但是學校預算卻並沒有成比例上升，原本就極為有限的學校設施更顯得緊張。由此，學校採納了「科學管理的第一原理，即在可能的時間內利用一切設施」（Bobbitt, 1912: 260）。由此，一個學校的學生被分為了兩大

部分，當一個部分的學生在教室內接受常規（regular）的算術、歷史、地理、語言等學習時，另一部分的學生則到操場、花園、地下室、工坊、實驗室等其他學校設施內，開展自然、體育、繪畫、音樂和遊戲等特殊（special）科目的學習。兩部學生輪流調換，從而在校園條件不變的前提下容納了原有學生人數的兩倍，學校設施得到了高效利用。在很大程度上，葛雷學校讓 Bobbitt 心生讚歎，因爲葛雷學校的設計確實充分體現了科學管理原理的精髓，完成了一項極爲艱難的任務。但葛雷學校兩部制的設計，給整個學校的教學工作帶來的變化是深刻的，絕不僅僅只是將校園設施利用起來了而已，這在 Bobbitt 文章的後半部分體現得尤爲明顯。

首先，歷來被視爲低一等的「特殊」科目，也即自然、體育、繪畫、音樂和遊戲等科目，開始取得了和算術、歷史、地理、語言等「常規」科目同等的價值。「孩子們一半的時間投入常規科目，而一半的時間投入特殊科目」（Bobbitt, 1912: 261），更爲重要的是，當一半孩子在室內從事傳統意義上的學習時，另一半的孩子正在室外從事實踐性更強的學習。這勢必迫使師生們開始意識到，兩者實則都是學習，相互之間也沒有高低貴賤之分，否則這套學校管理是難以爲繼的。這種改變明顯動搖了學術中心課程長期以來的穩固地位。

其次，這種變革同時也推動了師資培養上的變革。因爲當行政管理原理推崇分工協作和專業化帶來的效率時，葛雷學校勢必也會要求那些「特殊」科目的教師走向專業化。Bobbitt 已經認識到，這些特殊科目需要教師具備一些「特殊的人格魅力、特殊的思想態度、對學生需求的特殊理解，以及對學生個體和集體的引導能力」（Bobbitt, 1912: 265），反而可能未必是那些講授常規課程的教師所能勝任的。Bobbitt 明確談道，「如果將這些科目委任給常規的老師，這些內容可能永遠無法眞正融入到課程（curriculum）之中。」（Bobbitt, 1912: 266）Bobbitt 在這裡明確觸及了「課程」這個詞，更重要的是，他認識到了課程的變革和教師的變革是不可分割的。

其三，當他以杜絕一切浪費的眼光來看待學校的週末時，他其實是在改組學生的課程。Bobbitt 認為當校舍在週末就處於關閉狀態時，其實是對資源的浪費。因此，葛雷學校在週末為一些差生進行了有科目針對性的補習。葛雷學校甚至允許在某些學科比較弱的學生，專門規劃出一般同學兩倍的時間，來專攻自己的薄弱學科。週末的校舍往往就可以劃作此用，這固然是對校舍資源的全方位利用，但實則會深刻影響到每一個學生的課程規劃。Bobbitt 的這種想法在他日後的課程觀念中會突顯得更加明顯，即為不同需求的學生創設出不同的、個人化的課程。

總而言之，效率提升始終是這一時期教育行政學的核心追求，不過，當 Bobbitt 從外在的、硬體性質的校舍設施的效率問題，轉向內在的、軟體性質的教學內容安排時[3]，他其實就有一隻手推開了課程理論的大門。從這個意義上講，課程理論明顯是脫胎於教育行政學而來的。

肆　教育行政學和課程理論的一致性

1912 年發表〈消滅教育中的浪費〉一文後，Bobbitt 依舊奔波在學校調研的第一線。不過，隨著他對教學內容的編排——毫無疑問，這也是一種科學的、追求高效率的編排——越發有興趣，他對課程問題的思考也就越發深入。當他在 1915 年受邀參加 Cleveland 市的教育調研，並於次年發布自己的調研報告《學校在教什麼，學校可以教什麼？》（*What the Schools Teach and Might Teach?*）時，從報告題目就能令人感知到，他對課程內容的興趣已經體現得非常明顯了。

---

[3] Bobbitt曾經在菲律賓師範學校從事過英語教學和教材編寫工作，這或許是使他能較為關心教學內容的一個原因。當他被派往菲律賓時，當地的英文教科書一律從美國採購，完全脫離當地孩子的生活，裡面甚至充滿著「雪」、「草莓」等對熱帶地區的人而言幾乎毫無意義的詞彙。有鑑於此，Bobbitt自己編寫了兩部教材，選取當地生活元素，更加貼近菲律賓社會生活的需求。

　　由此到 1918 年，Bobbitt 正式出版《課程》一書，闡發自己的課程理論，可謂是水到渠成。簡而言之，Bobbitt 將課程定義爲「一整套有意識的指導下展開的訓練經驗，學校使用這套經驗，來使得個體能力的施展變得充分而完美」（博比特，2017：36）。本文無意於重複課程學界已經汗牛充棟的成果，再對 Bobbitt 的課程理論進行闡發，但本文要在這裡專門強調一些 Bobbitt 的教育行政學和課程理論之間高度一致的部分。

　　首先，兩者都注重對達成目標的精細規劃。教育行政管理要對教育活動最終達成的目標進行精確而又細緻的規劃，這在課程理論中就體現爲「課程目標」這一概念的出現。Bobbitt 明確提出要將課程目標精細化，並且落實爲「一個人所需的能力、態度、習慣、鑑賞力和知識」（博比特，2017：36）。這是對課程目標進行精確化追求的嚆矢，日後 Benjamin Bloom 的教育目標分類原理就源出於此。這一點對課程理論的影響是極爲深遠的。

　　其二，兩者都高度注重對過程的管控。行政管理學要求「從原材料到最終成品，每一個步驟都要設定質和量上的標準」，Bobbitt 也希望隨著課程目標的細化，教師的每一個教學行爲都能有切實的指導性，從而在學生身上培養出預定的某種能力。這會進一步促進 Bobbitt 的理論向細化的方向發展。1924 年，Bobbitt 出版了一本操作性更強的手冊《如何編製課程》（*How to Make a Curriculum*），細緻劃分出了 821 項要給學生培養的能力，就是爲了更爲精細地指導教師的每一個教學環節。

　　其三，兩者都貫徹了對效率的追求。前兩個部分合而觀之，都可以視爲對效率的追求。精細的目標規劃和嚴密的過程管控都是爲了提升效率，這一點當然也是 Bobbitt 從教育行政學轉向課程理論的關鍵所在。在同時代的學者更多地關心校舍之類的利用效率時，Bobbitt 比較早地關注到了教學內容的效率問題，由此才開拓了課程理論這個嶄新的研究領域。事實上，Bobbitt 一直強調將「經驗」引入課程理論之中，其中一個原因，就是在他看來，死記硬背是一種效率最低的學習方式，唯有讓學生對一個課

程內容有了切身的經驗之後，才可能達成高效的學習。這是 Bobbitt 在課程理論中大力宣導「經驗」這一術語的重要語境之一。

其四，形成了管理層和執行層的分離。這一點可能未必是 Bobbitt 有意識要促成的一種變化，更大程度上是附帶產生的結果。隨著管理學的發展，管理人員開始被視爲一種專職人員，並且逐漸占據著大多數機構的中上層位置。在教育領域中，同樣的傾向也逐漸出現。督學、校長等專門的教育行政管理人員開始湧現，而教師則承擔起了主要的一線教育職責。Bobbitt 這樣一批新興的課程理論專家無疑是將自己的位置劃在了管理層面。從 Bobbitt 著述的前言、致謝等部分來看，他本人事實上也更多地是和各地的督學、校長合作，更何況他自己也曾明確表示過，一些「擔子對普通教師而言，未免太重又太過複雜了」。這就導致在課程領域裡，對課程的規劃、制定和修訂工作越來越多地由行政管理者和課程理論專家來共同完成，而一線教師的定位越發地降格爲既定課程的執行者，一線教師逐漸喪失了編製和選擇課程的權力。儘管這種變化很難講是 Bobbitt 有意爲之，但它帶來的影響同樣非常深遠，要到很多年之後才開始有一些學者逐漸反思這一問題，並試圖讓教師更多地參與到課程編製的過程中來。而這一問題的源頭，是可以追溯到課程理論的誕生之初的。

再到了 1921 年秋天，Bobbitt 親身參與到洛杉磯中學的課程規劃實踐中，並於次年出版了一份報告。從這份可供我們檢討的文本中，我們不難窺見上述諸多特徵。首先，肇始整個課程修訂計畫的是「城市的學校督學」，提供指導的是「負責初高中的兩位副督學」，領導全域的則是「教育研究部和一個由多名高中校長、部長和教師組成的委員會」（Bobbitt, 1922: 1）。很顯然，行政高層主導著課程編製的全過程，而 Bobbitt 和這些人走得更近。Bobbitt 帶領這個團隊規劃了十個洛杉磯學生透過中學教育要培養出的能力：「1. 以語言爲主的社會交往；2. 體能；3. 一般意義上的工作；4. 專門職業；5. 市民生活；6. 社會關係；7. 休閒；8. 心理；9. 宗教；10. 家庭生活。」（Bobbitt, 1922: 7）不難發現，Bobbitt 的這套課程目

標已經打破了學術課程的體系，跳出了傳統意義上的「常規」科目，更接近於葛雷學校中的「特殊」科目。Bobbitt 也明確提出「教科書只是手段，而非目的；教科書不是僅僅用來背誦的東西，而是用來培養城市男女所需的能力和人格的東西」（Bobbitt, 1922: 4）。值得注意的是，Bobbitt 花費了巨大的篇幅來解析每一項能力的具體構成，並將其拆解為十分精確、可供考量的具體能力。這其實和前述對目標的精確追求和對過程的管控是高度一致的，它的背後也始終體現著一種效率旨趣。[4]

　　從以上的分析可見，Bobbitt 本人的課程理論和實踐不僅脫胎自教育行政學，而且在許多方面深深地打上了教育行政學的烙印。事實上，在 Bobbitt 1934 年的一篇論文中，他自己也提到了一句：「行政上的需求迫使學校將課程系統化。」（Bobbitt, 1934: 257）這篇論文談的是其他問題，Bobbitt 或只是無心地講了這麼一句話，但兩門學科之間的密切關聯依舊不難從中窺見。

伍　有待解決的新問題

　　Bobbitt 出版於 1918 年的《課程》是世界教育史上第一部探究課程理論的專著，由此標誌著課程理論的誕生。不過，從上述的分析來看，課程理論本身絕非無源之水。Bobbitt 對課程問題的興趣源起於他在教育行政學方面的工作；他在構建課程理論時，大量借鑑了教育行政學的理論資源；他的課程編製實踐也明顯呈現出諸多教育行政上的特點。這些都使得在課程理論中，對課程目標的精細規劃、對課程實施過程的精確控制、對

---

[4] 從這份課程報告來看，Bobbitt 注意到了一些課程評價的問題，並且認為當課程目標改設為學生能力時，就不能再用傳統的背誦來加以考察了。然而，Bobbitt 的相關論述極為零散。對課程評價這一問題較早進行嚴格意義上的學術探討的，還是日後撰寫《課程與教學的基本原理》（*Basic Principles of Curriculum and Instruction*）的 Ralph Tyler。

課程效率的追求，以及管理層和執行層的分離，都和當時教育行政學的特徵如出一轍。唯有注意到這一點，我們才能對課程理論的演進歷程有更深刻的理解。

教育行政學的這些影響，一方面促成了課程理論很快走上科學化的軌道，從而在教育學的分支門類中逐步占據一席之地，但另一方面也給課程理論根植下諸多棘手的新問題。

如近些年一些新的研究成果所揭示的那樣，Bobbitt 高度強調經驗在課程中的基礎地位，並且力主將學校和社會進步聯繫到一起，這些地方和杜威高度相似，應當被視為廣義上美國進步主義教育中不可或缺的一環（鄭國民、劉幸，2016：125）。這一看法是有道理的，Bobbitt 在著作中高度強調經驗的重要性，並且認為教育的本質不在於記誦，而在於能力的培養，任何知識都要為能力服務。可以說，Bobbitt 的教學觀中，最核心的部分同杜威高度一致。然而，當我們注意到 Bobbitt 的教育行政學背景之後，就不難發現，包裹在 Bobbitt 這種教學觀周邊的，卻是一個極具行政色彩的大框架。Bobbitt 所設想的「經驗」，都要明確地指向某種特定能力的培養，而這些能力往往又是在教學活動之前就作為「課程目標」被清晰設定好的。由此一來，學生經驗本身的複雜性就被消解掉了。教學活動要面向具體的學生和具體的場景，因此往往具有不可預料性，即便同在一個課堂上，不同學生對自己學習經驗的闡釋也可能不盡相同。然而，在行政思維指導下，學校仿如工廠，只是為了達成既定的課程目標而高效運轉。學生也確實被過分簡單地設想為了一種可以高效、批量、集體「生產」的產品，這就衍生出了 Bobbitt 理論中最常被人們所詬病的機械化的一面。Bobbitt 當然並非主觀上有意要讓學生身處這樣一種機械化的課程之中，但課程本身的行政色彩確實會在客觀上造成這種效果。

與此同時，隨著行政學中管理層和執行層的分離，身居教育一線的教師也和課程編製的決策過程漸行漸遠。教師其實也和學生一樣，被綁定在了課程的流水線上，而且看上去能夠掌管課堂的教師，實際上卻鮮有能

對課程目標、課程進度等予以回饋、批評、協商的機會。真正掌控著課程的，往往是並不在教室現場的行政領導與課程專家。這也使得教師和自己所講授的內容之間產生了疏離，並將教師降低到了一種匠人的地位，只需要忠實地完成既定課程目標即可。教師的職業倦怠，有很大一部分就來源於這種行政分層。

以上兩種現象，在 Bobbitt 之後，經過了相當長的一段時間後開始有學者注意，並加以反思。然而，正如前面所談到的那樣，這些現象其實均和課程理論的教育行政學源頭有著密切的關聯。在今天，自 Bobbitt 和 Tyler 以來的課程開發（Curriculum Development）模式依舊是大多數公立學校繼承下來的主流課程模式（Flinders & Thornton, 2009: 276），教育行政學的影子也隨之處處可見。如何正視這一歷史問題，並且規避其中的負面影響，仍是我們需要探討和解決的一個重要問題。

參考文獻

卡拉漢（Callahan, Raymond E.），馬煥靈譯（2011）。**教育與效率崇拜**〔M〕。北京：教育科出版社，180。

河野和清（1995）。現代アメリカの教育行政学の研究〔M〕。東京：多賀出版。

陳如平（2004）。**效率與民主：美國現代教育管理思想研究**〔M〕。北京：教育科學出版社。

博比特（Bobbitt, John F.），劉幸譯（2017）。**課程**〔M〕。北京：教育科學出版社。

鄭國民、劉幸（2016）。博比特以及他所開創的現代課程理論〔J〕。**課程·教材·教法**，（8）。

Bobbitt, J. F. (1912). The Elimination of Waste in Education [J], The Elementary School Teacher, *12*(6), pp. 259-271.

Bobbitt, J. F. (1913). Some General Principles of Management Applied to the Problems of City-School Systems. In John F. Bobbitt, *The Supervision of City Schools* (The Twelfth Yearbook of the National Society for the Study of Education) [M]. Chicago: The University of Chicago Press.

Bobbitt, J. F. (1922). *Curriculum-Making in Los Angeles* [M]. Chicago: The University of Chicago Press,.

Bobbitt, J. F. (1934). The Trend of the Activity Curriculum [J], The Elementary School Journal, *35*(4) , pp. 257-266.

DeWulf, B. G. (1962). *The Educational Ideas of John Franklin Bobbitt* [D]. Dissertation of Washington University.

Flinders, D. J., & Thornton, S. J. (Eds.) (2009). *The Curriculum Studies Reader* [M].

New York: Routledge.

Kowalski, T. J., & Reitzug, U. C. (1993). *Contemporary School Administration: An Introduction* [M]. New York: Longman.

Pinar, W. F., Reynolds, W. M., Slattery, P., & Taubman, P. M. (2004). *Understanding Curriculum* [M]. New York: Peter Lang Publishing, Inc.

從「形單影隻」走向「共同預防」——Bobbitt 的大團體意識對防治校園欺凌的啟示

程龍[1]、胡定榮[2]

摘要

　　校園欺凌問題引起了社會和學者的廣泛關注。校園欺凌的防治需要從個體的單打獨鬥轉變為團體的共同行為。Bobbitt 的大團體意識的形成，包括個體捲入其中、重塑經驗和形成價值共識的過程。在校園欺凌的防治中，Bobbitt 的大團體意識的適用基礎主要在於：學生交往之間的矛盾是校園欺凌產生的「導火線」、學生群體是校園欺凌防治的「生力軍」，以及同儕倫理關係的融洽是欺凌防治的必經之路。運用大團體意識防治校園欺凌，學校需要創建「浸入式」的和諧校園文化、舉辦「體驗式」的班會活動，和提供「防範式」的有指導的訓練。

關鍵詞 校園欺凌、Bobbitt、大團體意識、同伴關係、共同預防

1 四川師範大學講師。
2 北京師範大學教授。

近年來見諸新聞報導的校園欺凌問題，引起了社會各界的廣泛關注。經粗略統計，2015 年媒體公開報導的校園欺凌事件多達三十餘起，且多發於初中、高中階段，但實際發生的校園欺凌事件數量遠遠超過這個數字（楊玉華，2016）。校園欺凌事件的越演越烈，也引起了相關政府部門的高度重視。2016 年 5 月印發的《關於開展校園欺凌專項治理的通知》，將校園欺凌界定為「發生在學生之間蓄意或惡意通過肢體、語言及網絡等手段，實施欺負、侮辱造成傷害的行為」。2016 年 11 月發布的《教育部等九部門關於防治中小學生欺凌和暴力的指導意見》，呼籲社會各界形成合力，共同治理校園欺凌問題。

學者們也從各個視角提出了校園欺凌問題的防治策略，包括學校文化、法律制度、家庭教育、社會學、心理學和校園倫理等多個角度。從多角度和多層面來解決校園欺凌問題，一方面說明校園欺凌問題的複雜性，另一方面也說明校園欺凌問題的解決需要形成各方面的合力。校園欺凌的應對和解決，離不開多元防治主體包括學校、教師、家長和社會等的通力合作。校園欺凌的當事人以未成年學生為主，呈現出隱蔽性較強和防治滯後等特點。因此，要想從源頭上預防校園欺凌的發生，學生群體作用的發揮不可或缺。

壹　Bobbitt 的大團體意識的意蘊

1918 年，Bobbitt 出版了教育史上第一本課程論專著《課程》。在這本書中，當談及如何培養公民時，他提出了培養學生的大團體意識。他認為，學校培養的學生不僅僅是未來社會的接班人，更重要的也是未來社會的公民。作為社會的公民，學生既享有一定的權利，同時也要擔負起一定的義務。

一、大團體意識的概念

在論述如何培養公民時，Bobbitt 首先指出了好公民的本質。他認為公民的好壞、道德的善與惡並不是絕對的，而是相對的。「一個人的行為，無論是對另一個人，或是對另一個集體，它是道德的還是不道德的，並不取決於這一行為本身，而取決於它所指向的對象。」（博比特，2017，p.99）也就是說，判斷一個公民行為的好壞，首先要判斷該公民屬於哪一個團體，然後根據不同的立場對行為做出價值判斷。所以公民好壞的判斷標準通常是相對的、變化的。由於國別、經濟和社會地位的不同，各個不同的團體之間在利益上相互聯結與交融。因此要想在不同的團體之間維持國家和平、經濟穩定和實現社會發展，就需要每一個公民都樹立起大團體意識。這種大團體意識能夠保證不同的團體盡可能地追求共贏，形成人類命運共同體。

大團體意識的形成依賴於對個人、群體和社會關係認識的深化，大團體意識對於個人、群體和社會有一個逐步深入的認識，能夠更好地促進個人、群體和社會的和睦相處。「當他們為了共同的目標，帶著共同的願景，以相同的判斷，共同行動的時候，個體會凝聚為一致的小團體，彼此不同的小團體也會熔鑄為一個大的內部協調的團體。」（博比特，2017：108）大團體區別於小團體和個人。小團體和個人是大團體形成的前提條件，大團體的形成以無數個擁有相同目標的小團體為基礎。大團體意識的「大」，不僅指其超越了時空領域的界限，而且意指認識程度、價值觀和情感態度的一致性。大團體意識與我們通常所說的集體意識具有相似之處，主要是指集體成員對集體目標、信念、價值與規範等的認同，並在集體活動中自覺遵守和踐行。

二、大團體意識的形成過程

在個人融入集體之前，每一個人對集體是疏遠的、隔離的，缺乏認同和歸屬感，這無助於大團體意識的形成。Bobbitt 認為大團體意識的形成，需要經歷以下幾個階段：

(一) 捲入其中

個人若只是站在外圍圍觀，那麼既不能與他人接觸，同時也無法體驗到集體的信念、價值觀等，不能產生對於集體的認識。因此 Bobbitt 提出個人要主動參與到集體活動中。「人只有在行動中才能獲得自己正常的社會生活，也只有透過行動才能實現自己正常的人際關係。」（博比特，2017：109）行動的目的是為了獲得正常的社會生活，而人與人之間的交往是每一個人正常生活的基本需求。個人的行動可以分為直接的和間接的行動。直接的行動是指個人積極投身於周圍的團體中，為了團體的共同目標而努力奮鬥。間接的行動主要是指透過閱讀和交流等方式去獲得直接的體驗。由於時間和空間等方面的限制，一個人不可能直接參與所有團體的所有活動，而透過閱讀等方式，個體可以獲得間接的、替代性的經驗；與團體成員交流則可以喚起個人對團體的憧憬，個體由此從態度、價值觀上將自己融入團體。

(二) 經驗重塑

在親身參與集體活動時，個體將經歷態度、情感和價值觀的衝突、不適和調整的過程。首先，由於個體原有經驗的侷限或者「局外人」的片面理解，個人的價值觀與集體的價值觀會發生衝突。從歷史發展的角度來看，個人的價值觀會逐漸趨同於集體的價值觀；集體價值和經驗的延續，也需要同化更多的個體經驗，形成普遍的共識。其次，由於各人的立場及視角的不同，個人的經驗總是帶有片面性和侷限性，因此個人透過閱讀和

交流獲得間接經驗時會出現經驗選擇的情況，即傾向於從某一方面去認識和看待問題。爲此，在經驗的重塑過程中，需要充分考慮彼此的經驗，以形成對某一問題的全面認識。最後，大團體是由諸多已經形成不同價值觀的個體組成的，在共同價值觀形成之前，爲了避免不同價值觀念之間的相互衝突，個人需要同理移情地去理解他人，即從對方的立場和視角去考慮問題。由此學生在與擁有不同價值取向的團體打交道之後，對某一團體的價值觀進行深入體驗，從而重塑自身經驗。

(三) 形成價值共識

個體在主動參與集體活動之後，透過經驗的分析和比較形成對團體的價值認同。這種認同反過來又會影響個體對團體情感、態度和在團體中的行爲。在經驗重塑之後，個體對團體的經驗認識實現內化。個體價值觀的內化，經歷了被動接受、理解和遵從的階段。精神分析學家佛洛伊德認爲，遵從快樂的本我和遵從現實原則的自我都是非道德的，遵從至善原則的超我則是價值觀內化的最終結果。大團體意識的形成，需要個人超越本我和自我，形成超我的價值認識。

透過閱讀和交流獲得經驗，容易讓學生形成對知識的死記硬背，導致學生對於團體的認識停留在表面，無法觸動其情感、態度和內化爲自身的價值觀。因此 Bobbitt 強調在生活經驗中才能形成大團體意識，即透過體驗來培養學生的情感態度和價值觀。「我們所追求的最基本的東西不是知識，而是社會態度和價值判斷。因此，活生生的經驗才是至關重要的東西，而不是記憶的經驗。」（博比特，2017：134）大團體意識的形成，以學生對群體的積極態度和正確價值判斷爲紐帶，以增強學生的團體意識和行爲的改變爲最終目的。

貳 大團體意識理論對校園欺凌防治的現實觀照

　　2018 年適逢《課程》出版一百周年，重讀 Bobbitt 的經典著作，反思 Bobbitt 的教育思想，可以發現大團體意識理論雖然是在一個世紀前提出來的，但對當代教育問題的解決仍有重要的啟示意義。它不僅可為培養未來公民服務，同時也可為校園欺凌的防治提供新的思路。校園欺凌主要發生於學生個體或團體之間，呈現出以多欺少、長期性和反覆性的特點。校園欺凌的發生意味著作為被欺凌者和欺凌者的個體或團體之間的正常交往出現了問題。因此如何處理好個體與團體之間的關係是防治校園欺凌的重點。

一、校園欺凌的「導火線」：學生交往之間的矛盾

　　校園欺凌呈現出「倚強凌弱」「以多欺少」的特點。欺凌者往往形成一個小團體，被欺凌者主要是被排除在團體之外的個體（或小群體）。雙方力量上的差異，導致被欺凌者不敢或者放棄反抗，長此以往，將對被欺凌者的身體和心理造成巨大的傷害。欺凌者由於群體的鼓動、叫囂和圍觀會增加實施欺凌行為的快感，加大對被欺凌者的傷害。

　　圖 4-1 呈現了校園欺凌的發生過程，從中可知，欺凌者通常形成幾個人的小團體，被欺凌者則被排除在團體之外。從校園欺凌的發生過程來看，校園欺凌反映了學生之間人際交往的矛盾。有研究者透過實證研究發現，「在校園欺凌事件的產生原因中，『瑣事糾紛』所占比例最高，為44.1%。需要說明的是，此處的『瑣事糾紛』主要是指青少年之間因碰撞、口角、玩笑，甚至眼神、微小日常摩擦事件引發的衝突。」（王祈然、陳曦、王帥，2017）同儕群體內部的一些日常矛盾，往往可能發展成為欺凌的「導火線」。「欺凌行為本身就是一種人與人之間的互動關係，而這種

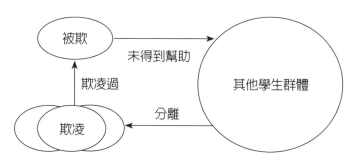

圖 4-1 校園欺凌的發生過程

互動關係存在著權力、人際關係的不均等現象。」（林進材，2017）欺凌者通常具有恃強凌弱、驕橫跋扈和攻擊性強等人格特點，而被欺凌者呈現出不善於人際交往、沉默寡言和膽小怕事等特點，往往是不被群體接納或被孤立的對象。在欺凌發生時，被欺凌者由於被排擠在群體之外，因此很少出現救助者和解圍者。

可見，大團體意識的形成對於校園欺凌的預防具有重要意義。首先，學生由於在興趣、愛好和習慣等方面的相同或相近會形成一個個小團體。其次，小團體由於價值觀念的偏狹，其成員容易為了捍衛小團體的利益而忽視集體的利益。因此，需要轉變小團體的價值觀念，使之融入擁有共同價值觀念的大團體。最後，大團體內部由於對價值信念和情感態度的認同，很少出現彼此相互排擠的現象。大團體意識的形成，引導和制約著團體中的每一個個體對集體價值觀念的遵循。學生個體在做出某種行為時，將秉持集體道德和同理心，從群體的福祉出發進行判斷和選擇。

二、校園欺凌防治的「生力軍」：相互協作的學生群體

在實踐中，學校和教師大多是在校園欺凌發生之後進行彌補性的處置，無法從根本上對校園欺凌進行防治，因此校園欺凌往往呈現出越演越烈、防不勝防的趨勢。校園欺凌事件包含一個從萌芽、發展到發生的不斷

演進的過程。在欺凌的萌芽階段，學生個體和群體是欺凌事件的當事人，因此發揮學生群體的力量有助於從苗頭上遏止欺凌事件的進程和惡化。

之所以說學生群體是解決校園欺凌問題的「生力軍」，主要是因為：第一，學生既是實施欺凌的主體，也是被欺凌的客體。二十世紀七〇年代，挪威學者歐維斯（D. Olweus）最早提出校園欺凌的概念，即「欺凌行為是一群或單個學生，用某種負面行動，重複且長期地對待特定學生或一群學生」（Olweus, 1993: 8）。從歐維斯對校園欺凌的定義可知，欺凌問題發生於學生個體或群體之間，因此發揮學生群體的力量是有效的防治途徑。第二，欺凌的發生受到同儕群體的影響。欺凌問題的產生受到社會、文化和教育等因素的綜合影響。歐維斯認為可能影響欺凌行為的因素「包括個人氣質、主要養育人（特別是母親）的教養態度、基因遺傳（雄性激素的影響）、同輩群體影響（獲得贊同與支持、經濟利益、觀察模仿）以及大眾傳媒」（Olweus, 1984: 56）。同輩群體是影響欺凌行為的重要因素。第三，欺凌事件多發生在校內。校園欺凌的發生地點既包括校內，也包括在校外的合理輻射區域。「在對校園欺凌事件發生地點的統計中，有近三分之二的欺凌地點在學校內部（學校寢室 9 起，占總數的 26.5%；學校廁所 5 起，占總數的 14.7%；學校教室或其他校內場所 7 起，占總數的 20.6%）。」（王祈然、陳曦、王帥，2017）校園欺凌的主要發生地點是學校即學生集體學習和生活的場所，因此生活在學校裡的學生常常是欺凌的最早發現者，發動學生群體參與校園欺凌的治理無論在時間上還是在空間上，無疑都是最高效的。第四，欺凌發生之後學校和教師作用的有限性。在校園欺凌的防治中，學校和教師因為時間和精力的有限等原因，難以從苗頭上及時發現和制止校園欺凌。校園欺凌發生之後，學校和教師往往只能採取事後補救的處置措施，這時對於被欺凌者造成的傷害已經難以彌補。因此，學校和教師的作用是有限的，在欺凌問題發生之後，我們不能一味地譴責學校和教師的後知後覺，而是要想辦法將欺凌問題扼殺在萌芽階段。

三、校園欺凌防治的「教育性」：同儕倫理關係的融洽

　　針對目前出現的校園欺凌問題，學者們從健全法制、學校文化建設及社會學、心理學等視角提出了治理策略，但是很少從教育學的角度去思考，對校園欺凌防治之於學生群體的教育意義重視不足。

　　校園欺凌的防治要求學生樹立大團體意識，把欺凌者和被欺凌者都納入到團體中，促進雙方建立良好的同伴關係。首先，同伴關係矛盾是校園欺凌產生的重要原因。陳光輝從同儕倫理的角度對校園欺凌的產生進行了歸因，「校園欺凌是學校生活中同伴之間發生人際衝突的重要表現形式，是同儕關係倫理缺失的重要表現」（陳光輝，2014）。楊嶺、畢憲順著眼於校園欺凌產生的微觀社會背景，認爲「校園欺凌多數情況下發生於群體之中，並且欺凌者與被欺凌對象往往是在同齡人或年齡相當的學生，同伴關係成爲校園欺凌現象不容忽視的微觀社會背景」（楊嶺、畢憲順，2016）。Eric S. Buhs 等在〈受害與排斥：同伴拒絕、課堂參與與成就的關係〉中指出「那些經常被同伴拒絕或厭惡的孩子，預示著他們將來更有可能成爲受害者」（Buhs et al., 2010: 167）。

　　其次，同儕倫理關係的融洽離不開學生群體之間的主動交往。如前所述，學生同伴交往中的人際衝突是校園欺凌產生的重要原因，因此緩解學生同伴交往的人際衝突成爲防治校園欺凌的必經之路。學者們在提出校園欺凌的解決策略時，對學生同伴關係的融洽給予了大量的關注，如「建立同儕關懷圈，引導學生關懷的積極表露。同儕關懷的實現可以在一定程度上引導學生形成包容、理解等積極的人際交往品質」（王嘉毅、顏曉程、閆紅霞，2017）。而學生大團體意識的形成有助於促進學生之間正常的人際交往，能夠有效降低校園欺凌發生的頻率。在國外實踐中，同儕調解的方法也廣泛應用於校園欺凌的防治。

　　最後，大團體意識要求對欺凌者與被欺凌者進行共同教育。校園欺凌

並不是學生之間簡單的嬉戲、打鬧與玩笑。校園欺凌對於欺凌者和被欺凌者雙方都會產生深遠的影響。有研究發現，「8 歲到 12 歲之間有過欺凌行爲的學生，在以後的犯罪率會顯著提高；而那些有過被欺凌經歷的學生則會有學業上的問題和心理上的問題，如焦慮、抑鬱、回避、孤獨、低自尊等。」（Bender et al., 2011）但我們在談論校園欺凌的防治時，主要是從被欺凌者救助的角度出發，對於欺凌者的矯正未給予足夠的重視。教育作爲培養人的偉大事業，要爲每一個學生的全面發展提供基礎。大團體意識要求將欺凌者與被欺凌者都納入團體之中，透過學生之間的人際關懷，形成有利於雙方健康成長的良好環境：對於欺凌者，要分析他們爲何會實施欺凌行爲，及時引導，幫助他們樹立起正確的道德法制觀念；對於被欺凌者，要提供關懷，幫助他們正確處理同伴之間的人際關係，引導他們走出被欺凌所造成的陰影。

參 運用大團體意識防治校園欺凌的策略

將大團體意識理論轉化爲實際的操作策略、運用於校園欺凌的防治實踐，需要學生、學校、家長及社會的共同投入。鑒於校園欺凌的主體是學生，發生的主要地點是學校，因此本文主要立足於學校教育教學提出相應的解決策略。

一、創建「浸入式」的和諧校園文化

無論對於產生於學生日常矛盾的欺凌萌芽，還是對於正在學校當中發生的欺凌事件，學校作爲欺凌發生的主要場所具有不可推卸的防治責任。美國維吉尼亞大學 Bradshaw 教授認爲校園欺凌現象與校內氛圍、周邊環境有著直接的關係。學生的校園活動不斷塑造著該校園氛圍的方方面面，

如校園安全、學生參與度、人際關係、校園環境等，這些方面如果存在隱患或發生惡化，都可能最終導致欺凌現象滋生蔓延、成為風氣（Bradshaw, 2015）。因此，學校的校園文化、課程和教學活動等對學生的性格秉性、人際交往和價值觀等都會產生直接的影響。

　　學校作為教書育人的場所，要為學生的成長創造良好和諧的校園文化。但是由於對分數、排名和評優評先等的過度重視，學生之間的人際交往呈現出競爭的緊張狀態。學生主要將精力放在提高考試成績上，有意無意地忽視了同學之間的友誼、理解和包容。校園欺凌發生時為何見不到班幹部及時制止的身影？當被欺凌者痛苦地躺在地上呻吟時，旁觀者為何沒有站出來阻止，甚至有些同學還在一旁拍照和叫好助威？學校對競爭文化的過度強調，導致那些難以適應的學生形成了「攻擊性逃離文化」。「一切逃離學校教育運作的作法都是一種理所當然，當事情發展到更深程度時，欺凌，特別是同學間的暴力欺凌也就成了合理的存在」（蔡連玉，2016）。當這種攻擊性逃離文化在學校四處蔓延之時，校園欺凌的發生也就見怪不怪了。

　　團結合作的校園文化的創建，首先需要樹立起和諧的校園文化理念。臺灣地區有關教育主管部門曾在 2005 年制定了「友善校園總體營造計畫」，這一計畫的重要目標之一就是建立同學情誼及和諧關係，達成學生健康人格的自我實現（許育典，2007：159）。和諧的校園文化能夠為學生提供一種「浸入式」的保護場，學生在這種安全和諧的文化氛圍中互相尊重、共同成長。這種隱性的校園文化，體現在學校的每個主體身上和每個角落之中，孕育著防治校園欺凌的價值共識。其次需要增強學生的校園歸屬感。「校園欺凌與學校歸屬感可以同時對學生產生顯著的、穩定的影響，兩者的合力最終指向學生在學校中的學習表現。」（楊帆、俞冰、朱永新、許慶豫，2017）根據馬斯洛的需要層次理論，學生只有在最基本的需求得到滿足的基礎上才可能實現更高層次的發展需要。學校打造團結、合作的校園文化，能夠促使學生之間形成良好的人際互動關係。安全

和諧的校園文化環境使學生敢於來學校、樂於來學校、享受在學校的學習生活時光。最後應當加強學校的人文關懷。大團體意識是建立在人文關懷與心靈相融的基礎上。學校和教師透過給予學生更多的人文關懷，從而豐富學生的精神生活和提升學生的道德品質。精神生活的豐盈和道德品質的提升，為學生的人際交往和人際關係提供正確的價值導向。學校人文關懷文化的建設，有助於消除校園欺凌滋生的「溫床」。

二、舉辦「體驗式」的主題班會活動

無論是《關於開展校園欺凌專項治理的通知》，還是《關於防治中小學生欺凌和暴力的指導意見》，都提到了學校要透過課堂教學、專題講座、班團隊會、主題活動等開展預防欺凌專題教育。

首先，學校開設防治校園欺凌的活動課程，可以「通過遊戲活動、班級活動、團隊活動等形式，創建團結互助的班級氛圍」（章恩友、陳勝，2016）。這些主題活動課程能夠透過課堂集體教學的方式增強學生的大團體意識。其次，活動課程可以單獨開設，也可以融合到其他學科課程中。單獨開設可採用班級主題活動形式或團體輔導心理課程形式。採取班級主題活動方案或小團體輔導方案，有助於普遍提升學生的自我肯定、社會性技巧、利社會行為、衝突解決和情緒管理等能力（胡春光，2017）。學校也可以將預防校園欺凌的教育融合到其他學科課程中，例如：在語文課堂上強調學生的人文關懷素養，在思想品德課中培養學生的道德品質，在綜合實踐活動中培養學生團隊合作的意識和能力。最後，活動課程的開設要注重學生的親身體驗。教師可以透過班會主題活動、影片觀賞及角色扮演等活動課程，讓學生成為這些課程的主體。學生透過自己組織、設計教學以及討論校園欺凌問題，從而提高對校園欺凌危害嚴重性的認識。學校還可以動員社會力量參與這些活動課程，如邀請公安、司法等相關部門到學

校開展法制教育，加深學生對欺凌應承擔的法律責任的認識。在校園欺凌防治活動課程的建設中，學校也應該樹立起大團體的意識，充分利用社會、社區和家長等各種資源。

三、提供「防範式」的有指導的訓練

目前人們對於校園欺凌的態度出現了兩極分化的情況，一種是對於校園欺凌現象的過度焦慮，如呼籲降低刑事責任年齡以嚴罰施暴者；一種是對校園欺凌漠然處之。這兩種態度都不利於校園欺凌問題的解決。校園欺凌本身不是一個新問題，但是在新的時代背景下受到了廣泛的關注。在校園欺凌無法完全杜絕的情況下，學校需要給學生提供有指導的訓練，以便安全應對欺凌問題。

Bobbitt 在《課程》一書中提出，「當無指導的訓練能給一個人提供的東西全部窮盡之後，針對他尚存的缺陷，我們就會發現有指導的訓練課程。」（博比特，2017：38）無指導的訓練是指在日常生活經驗中即可達成的目標，有指導的訓練是指有些目標必須建立在有指導和系統訓練的基礎上；這種有指導和系統的訓練經過積累發展，形成組織課程。面對校園欺凌，學生之前接受的無指導的訓練並不能為其提供有效的解決策略，因而需要教師為學生提供有指導的訓練。例如：里格比（K. Rigby）針對被欺凌者提出了三條「支持性的介入策略」，其中第二條包括「在班級中教授面對欺凌的反應方式，如勇敢的表達觀點，公開化表示不能忍受，以角色扮演方式練習『拒絕懦弱』的堅強態度等」（Rigby, 2007: 60）。學校透過對被欺凌者提供這種抗拒訓練，使得被欺凌者能夠更好地應對欺凌問題。而對於欺凌者，教師也應透過有指導的訓練，幫助他們改變攻擊性的逃離文化，學會正確與同學相處。這種有指導的訓練意味著對於發生在學校裡的欺凌事件不是遮遮掩掩或知情不報，而是正視學生們的不足或錯

誤，並引導他們改進或改過。學校對於校園欺凌的態度是「寬容」但絕不「縱容」。

　　由於理論構想與現實操作的差距，運用 Bobbitt 的大團體意識防治校園欺凌可能存在一些侷限，例如對於解決發生在學校外的欺凌問題有效性不足等；但從根本上看，發生在校外的學生欺凌依然源自學生在人際交往和人際關係上的問題，因此，從總體上而言，學生大團體意識的形成能夠調和欺凌者和被欺凌者之間的矛盾。在大團體意識的指導下，欺凌者與被欺凌者不再是矛盾對立的兩面，雙方將積極尋求共識，產生移情性的理解，最終形成「你中有我，我中有你」的大團體。

參考文獻

王祈然、陳曦、王帥（2017）。我國校園欺凌事件主要特徵與治理對策——基於媒體文本的實證研究〔J〕。**教育學術月刊**，（3），46-53。

王嘉毅、顏曉程、閆紅霞（2017）。校園欺凌現象的校園倫理分析及建構〔J〕。**中國教育學刊**，（3），54-60。

林進材（2017）。校園欺凌行為的類型與形成及因應策略之探析〔J〕。**湖南師範大學教育科學學報**，（1），1-6。

胡春光（2017）。校園欺凌行為：意涵、成因及其防治策略〔J〕。**教育研究與實驗**，（1），pp.73-79。

章恩友、陳勝（2016）。中小學校園欺凌現象的心理學思考〔J〕。**中國教育學刊**，（11），13-17。

許育典（2007）。**教育法**〔M〕。臺北：五南，159。

陳光輝（2014）。中小學生對欺負現象本質內涵的感知〔J〕。**心理與行為研究**，（5），639-644。

博比特，劉幸譯（2017）。**課程**〔M〕。北京：教育科學出版社。（Bobbitt, F. (1918). *The curriculum*. Cambridge, MA.: Houghton Mifflin Company.）

楊玉華（2016）。校園暴力，立法懲治刻不容緩〔N〕。人民法院報，06，14（2）。

楊帆、俞冰、朱永新、許慶豫（2017）。校園欺凌與學校歸屬感的相關效應：來自新教育實驗的證據〔J〕。**課程·教材·教法**，（5），113-120。

楊嶺、畢憲順（2016）。中小學校園欺凌的社會防治策略〔J〕。**中國教**

育學刊，（11），7-12。

蔡連玉（2016）。「逃離文化」視角下校園欺凌治理研究〔J〕。**中國教育學刊**，（11），pp.24-28。

Bender, D. & Lsel, F. (2011). Bullying at School as a Predictor of Delinquency, Violence and Other Antisocial Behavior in Adulthood. *Criminal Behavior and Mental Health, 21*(2), 99-106.

Bradshaw, C. P. (2015). Translating Research to Practice in Bullying Prevention. *American Psychologist, 70*(4), 322-332.

Buhs, E. S., Ladd, G. W., & Herald-Brown, S. L. (2010). Victimization and Exclusion: Links to Peer Rejection, Classroom Engagement and Achievement. In Shane R. Jimerson, Susan M. Swearer, & Dorothy Espelage, *Handbook of Bullying in Schools: An International Perspective*. Taylor & Francis.

Olweus, D. (1984). Development of Stable Aggressive Reaction Patterns in Males. In R. J. Blanchard & D. C. Blanchard (Eds.), *Advances in the Study of Aggression*. Orlando, FL: Academic.

Olweus, D. (1993). *Bullying at School: What We Know and What We Can Do*. Oxford, UK: Blackwell.

Rigby, K. (2007). *Bullying in Schools: And What to Do about It*. London: Jessica Kingsley Publishers.

第五章　重新思考 F. Bobbitt 的課程思想

楊智穎 [1]

摘要

　　在歷年眾多課程人物中，Bobbitt 是較多被探討的對象之一，然相關研究卻較少對其課程思想進行多元論述。基於此，本研究透過重要課程專書及概略式課程教科書的檢視，探討其所形塑的 Bobbitt 課程意象，並針對 Bobbitt 後期的課程論著進行探討，提出包括 (1) 掌握現在生活的教育目的；(2) 重視學生智識面向的發展；(3) 重新界定科學在智識面向的內涵；以及 (4) 強調課程和學生的個殊性與自主性等方面的改變。最後，並進一步思考未來在探討 Bobbitt 課程歷史定位，及課程學者的思想時，所應採取的研究觀點與取徑。

關鍵詞 課程史、課程理論、多元論述

[1] 國立屏東大學教授。

壹 前言

　　針對過去重要人物的思想及其歷史定位進行評析，是歷史研究的重要議題，這樣的議題也在課程史研究中受到關注，然分析過去的研究文獻，卻較少對特定課程學者的歷史評析提出不同的研究觀點，近年隨著課程史研究受到重視，學者開始反省過去課程史研究的缺失，並指出歷史研究的目的不只在進行史料的考證或歷時性的編排，其中還有一個重要目的，即要能提供一種多元性與開放性的歷史詮釋（Kridel & Newman, 2003），而此一歷史詮釋更被 Hlebowitsh（1999）認為是新課程學者必須要被賦予的負擔。

　　值得慶幸的是，持此一取向所進行的課程史研究，在 1990 年代之後，數量逐漸增多，如 Hlebowitsh（1992, 1999）即重新檢驗 Kliebard 對 Tyler 原理的評價；而 Reid（1993）則對 Schwab 是否改善 Tyler，提出另一種歷史解釋。另外，Popkewitz（2001）也以 Dewey 和 Vygotsky 為例，從文化歷史（cultural history）的觀點指出，當代學者只是拿他們用在個人行為的治理，而未還原其時代意義。就國內而言，2000 年後也陸續有這樣的研究成果發表（宋明娟，2006；黃金森，2007；黃俊儒，2005；黃嘉雄，2004），不過多集中針對 Tyler 的課程思想重新再加以詮釋。

　　其實分析課程人物思想史的相關研究，Bobbitt 的課程主張是較多被探討的對象之一，主要原因在於其被課程界視為將課程提升成為一個獨立研究領域的重要學者。雖然如此，相關研究仍較少針對 Bobbitt 的課程思想進行多元論述。回顧 Bobbitt 一生中重要的課程論著，1918 年所出版的《課程》（*The Curriculum*）一書，被課程界公認是第一本具系統化課程研究的著作。到了 1924 年，Bobbitt 又出版《如何編製課程》（*How to Make a Curriculum*）一書；1941 年又出版《現代教育中的課程》（*The Curriculum of Modern Education*），這是 Bobbitt 最後一本論著，其他還包

括一些散見於他人編著之專書的課程論文。

就上述 Bobbitt 相關的課程論著，針對其課程思想進行評述的文獻大多參考 Bobbitt 於 1918 年和 1924 年所出版的這兩本論著，並將其定位為是社會效率論及科學化課程的代言人。其實 Bobbitt 在其 1941 年出版的《現代教育中的課程》一書中，所持的課程思想已和過去有所不同，雖然已有學者針對 Bobbitt 提出與傳統論述不同的看法（鍾鴻銘，2010；Null, 1999, 2010a；Scheideman, 2004），但 Bobbitt 的傳統論述至今仍深烙在許多課程工作者的心中，分析其原因，主要在於一些重要的課程專書或概略式課程教科書（synoptic curriculum textbook）未說明其生涯過程中不同時期相關論點的演變。基於此，本研究會先檢視當前重要課程專書或概略式課程教科書中對 Bobbitt 課程思想所形塑出的意象，接下來再探討 1927 年之後 Bobbitt 相關中課程思想的轉變，最後提出值得再深思的問題進行討論，作為本研究的總結，藉此中肯地闡述 Bobbitt 的課程思想。

貳 研究觀點與策略

由於許多的課程史學者在評述某一課程人物的思想時，多會聚焦於特定時期或論著，然本研究認為要對特定課程人物的思想進行評析時，其實有必要考量其完整生涯過程中，在不同時期相關論點的論述及其演變，而不是依作者個人的價值與意向，截取某一時期進行評析，這對被評析對象是不公平的。基於此，本文除了會蒐集與分析對 Bobbitt 歷史定位進行探討的國內外重要課程專書或概略式課程教科書，同時會評析生涯發展中所有出版過的課程論著，並進行對照分析比較，以具體呈現思想演變的樣貌，分析過程中還會輔以相關探討 Bobbitt 課程思想的文獻資料。

參　學界對 Bobbitt 課程觀的論述分析

在「課程」尚未能成為一門專業學術領域的二十世代初期，Bobbitt 能夠出版《課程》一書，對課程領域的後續發展影響極大，即使其著作並不多，但因為是課程領域重要的創始者，因此在論及課程的相關論述時，Bobbitt 總會成為被探討的對象，特別是其歷史定位；至於課程界如何界定 Bobbitt 的課程思想，則值得我們關注，特別是具重要性的課程論著或教科書中的文本內容，主要在於多數課程領域的初學者，或非以課程史作為主要探究的學者，大多不會透過 Bobbitt 原始論著的閱讀來了解其課程思想，而多是經由他人對 Bobbitt 的論述，因此具重要性或普遍性之課程文本內容中所形塑出的 Bobbitt 印象，對課程領域的初學者而言，便具有相當重要的影響力，然實際的樣貌是否如他者的論述那樣，則有必要加以質疑。

由於評析 Bobbitt 課程思想的專書數量相當多，本研究僅舉若干西方學者的評述如下：

首先就理論學派的分類，Giroux、Penna 和 Pinar（1981）將課程領域區分為三種學派，分別是傳統學派、概念—經驗學派（conceptual-empiricist）和再概念學派，其並舉重要學者的主要著作說明各學派的代表人物，Bobbitt 和 Tyler 係被歸類為傳統學派的代表人物。相對於 Giroux、Penna 和 Pinar，Jackson（1992）則把 Schwab 歸為同一類，認為 Bobbitt、Tyler 和 Schwab 三位學者均屬同一傳統，因為三位學者皆重視學校的實務工作，這和 Giroux、Penna 和 Pinar（1981）的主張是不同的。至於 Hlebowitsh（2005），則是透過世代觀和三角校正策略，比較 Bobbitt 與 Tyler、Schwab 的課程思想，然同樣認為此三位學者係為同一傳統，只不過就目前課程領域的發展，Tyler 的課程理論顯然係修改自 Bobbitt，至於 Tyler 與 Schwab 之間則呈現觀念的斷裂現象。目前課程領域的發展，係傾

向走向 Schwab。相較於 Jackson（1992），Hlebowitsh（2005）的分析更為細膩。

　　第二種歷史評析則是只評述 Bobbitt 課程思想的歷史定位。例如 Hlebowitsh（2005）便曾指出，在美國公共學校中將課程發展視為實際的形成，可追溯於 Bobbitt 在其論著中所界定的原則，特別是他所主張之社會效率傳統。其實社會效率傳統的主張者不只有 Bobbitt 一人，然隨著 Bobbitt《課程》和《如何編製課程》的出版，經由課程界廣泛的閱讀，促使他成為社會效率傳統中最為顯著的代表人物（Null, 2010b）。分析此一社會效率傳統，主要的評述者多賦予貶抑的意涵，例如認為 Bobbitt 窄化教育的目的，過度重視職業訓練，以及過度依賴成人當下的活動，而很少，甚至沒有空間去進行社會改變（Null, 2010a）。有些則持再概念學派的觀點，去指責其課程思想的限制。例如 Kliebad（1975）和 Seguel（1966）即認為 Bobbitt 以「生產」作為教育的譬喻，然此譬喻其實是具控制性。二十世紀七〇年一些重要的課程史研究者，受到當時激進修正主義的影響，如 Apple（1979）、Franklin（1974）、Kliebard（1975）和 Vallance（1974）等，更傾向將認為 Bobbitt 的課程思想蘊含「社會控制」的意識形態。

　　至於綜觀國內主要的課程教科書，受到西方傳統論述的影響，也大多傾向朝「社會控制」及「科學管理」的角度，對 Bobbitt 的課程思想進行歷史評述，例如：

　　　　美國課程學者巴比特的課程思想，主要在於強調課程是為將來生活的準備，其主張的課程意義，係指一連串預備年輕學生，將來能履行成人事務的活動和經驗，而且，課程目標是評鑑學生學習結果的規準。（黃光雄、蔡清田，1999：17）

　　　　課程從其形成初期，就具有社會控制的意識形態，例如課程學者伯比特在一九一八的《課程論》一書中就強調，課程的主要功能就

是在形成「團體意識」，……。爲了使課程扮演這種角色，伯比特乃將當時科學管理的原則應用於課程設計上。（歐用生，1994：178-179）

巴比特的課程設計方法，是藉由科學研究的方法，欲設計一最有效的途徑，使兒童和青年經過這個途徑由未成熟而轉爲成熟。……。採用活動分析的課程設計方法是以社會爲導向，以理想的人生活動爲目的，兒童及青年的需求及各學科之內容只是可用來達成目的之工具而已，並非是課程設計的主要出發地。（黃政傑，1991：30）

針對上述對 Bobbitt 所形塑之課程意象，其實多針對其早期的論著，如果說其課程思想具有「社會控制」及「科學管理」的意涵，充其量只能說只侷限在特定時期，而不能認定在其一生中皆以此一思想作爲論述重點。除此之外，上述學者是採取何種論點或策略對 Bobbitt 的課程思想進行分析，也有必要進行後設省思，特別是一些貶抑性的批評，其是否爲眞，勢必要重新進行檢視。因爲不同的評述觀點必然會建構出不同課程意象，當這些論述一旦被固著化，並賦予眞理的意涵，必然會誤導課程界中的新進研究者，或是對課程領域有興趣的初學者，關於他們對 Bobbitt 課程思想的理解。

肆　1927 年後 Bobbitt 課程思想的轉變

分析 Bobbitt 學術生涯中已出版的所有論著，可發現其在 1927 年於所發表的〈教育編製者的趨向〉（The orientation of the curriculum-maker）一文，相對這個時間點之前的主張，已開始產生課程思想的轉折。Bobbitt 於 1941 年所出版的《現代教育中的課程》是闡述其思想轉折的重要論

著，該論著主要發展四個觀點：(1) 強調通識教育的重要性；(2) 無法預測未來的生活和學生的角色；(3) 學校需要發展個體智識，而非爲工作而訓練學生；(4) 尊敬來自西方傳統之偉大著作的許多具代表性的作者（Null, 1999）。爲更進一步了解 Bobbitt 在 1927 年之後出現那些課程思想的轉折，以下透過其前後論著的主張進行分析。

一、教育目的也在掌握現在生活

　　學校到底要教何種知識，一直是課程研究者所關心的重點，而學校教育的目的則具有引領課程內容選擇的功能。Bobbitt 在《課程》一書的開頭曾指出學校教育中兩個相互衝突的目的，一是文化，二是實用性（utility），前者主要在教導學生具備生活的能力，後者則在培養具生產力的學生；然就整本《課程》一書所闡述的內容，Bobbitt 顯然較偏愛於實用性的目的。至於在《如何編製課程》一書中，Bobbitt 更提出教育的目的還在形塑爲未來成年生活做準備。

　　　　教育主要是爲了成人生活，而不是兒童生活，教育的責任是要替成人期的五十年做準備，而不是二十年的兒童期和青年期。（Bobbitt, 1924, 8）

　　然到了 1927 年，Bobbitt 於〈教育編製者的趨向〉一文中對教育目的的界定開始產生轉折。他認爲教育主要的目的不只在爲未來進行生活的準備；相反地，其目的也在掌握現在的生活，讓它更健康、熱情、豐富、有成效，以及穩固地適應既有的習慣。更眞實的意義，生活不可能只是爲了「準備」，爲生活而準備是一種生活的副產品（Bobbitt, 1927）。

　　Bobbitt 在後來 1941 年出版的《現代教育中的課程》論著中，又提出

「美好的生活」一詞，他認爲「美好的生活」不僅是教育的目的，同時也是過程。

> 教育的目的在引導每個個體，在其所做的每件事情上面盡可能
> 以實際的方式去生活。教育的方法則是盡可能在所有時間，考量其本
> 質、年齡和狀況，給每個個體所有的活動。對於任何個人的教育，美
> 好生活，既是目的，也是過程。（Bobbitt, 1941: 5）

二、重視學生智識層面的發展

爲落實「美好的生活」，Bobbitt 認爲學習的來源並非來自系統的教育理論，而是透過每天日常生活的觀察得來，他特別列舉十八個領域，在一般部分共計十六項，包括：(1) 智識生活；(2) 教每個人過美好生活的思想生活；(3) 身體的生活或生理的生活；(4) 應用在發展和維持對生理生活科學理解的思想生活；(5) 作爲一個家庭成員的各種活動；(6) 透過個人負責任的發展和維持對一些建置家庭生活活動之科學理解的思想生活；(7) 作爲一般社會成員的個人生活；(8) 個人發展和維持對社會生活科學理解的思想生活；(9) 情緒和情感的次智識活動；(10) 透過個人發展和維持對情緒和情感之科學理解的思想生活；(11) 建置和維持個性的品質與力量的遊戲或娛樂活動；(12) 每個人發展和維持一種遊戲層面科學知識的思想生活；(13) 智識、社會、美學和實際生活之技術的工具性使用；(14) 個人發展和維持對人類生活之特殊工具或技術理解的思想生活；(15) 對普遍最終「實在」的沉思、評價和崇拜；(16) 透過個人發展和維持在最高和困難層面之哲學沉思之本質與需求理解的思想生活。另外，在特殊部分則包括：(17) 從事特定事務（calling）的實際活動，這不只是一種技術任務的表現，

同時也是管理職業所需的所有社會性活動；(18) 透過個人發展和維持對職業之技術和社會理解的思想生活（Bobbitt, 1941）。

　　相較 Bobbitt 於 1924 年所提出人類生活的十個領域，包括：(1) 語言活動；(2) 健康活動；(3) 做公民的各種活動；(4) 一般社交活動；(5) 各種休閒活動；(6) 維持精神健康的活動；(7) 宗教活動；(8) 親職活動；(9) 專職以外的，非職業的日常生活必備技能；(10) 個人職業意向的專業活動。Bobbitt 在 1941 年所提出的領域，顯然大多與智識生活有關，十八個領域就占了十六個，而與職業有關的項目只有兩個。Bobbitt 更認為此一智識活動必須在整個生涯發展過程中去達成，不可能透過效率的途徑。

　　　　讓這個過程成為一個持續，在所有的生涯中，開始於嬰兒期，然後擴大、深化和成熟，這是智識的生活，它自動的果實是理解，不可能有一個有效率的替代品，在某種程度上，學校應該接續去促成此一智識發展的敏銳性，擴大其範圍、願景的生動和持續性；在某種程度上，它已經嘗試取代已準備好傳遞給人們去理解的計畫，此一理解不是來自他們所擁有之願景的持續性旅程，它已是失敗的。（Bobbitt, 1941: 87）

三、賦予科學在智識方面的內涵

　　在 Bobbitt 相關的論著中經常會出現「科學」一詞，例如在《如何編製課程》論著中，特別採用教育工程學（educational engineering）的詞彙，將課程編製者比喻為工程師，其任務是利用教育測驗工具，來確定不同學科領域的具體目標（Bobbitt, 1924: 1-4）。此外，在其早期的論著中，「科學」一詞特別會用在課程編製的方法上，他特別提出五個步驟，一是研究

成人每天的生活；二是資訊的處理，包括將蒐集到的資訊進行優先順序安排，然後轉化爲學校的目標；三是依據學生的能力和興趣，去確認學生畢業後所要實現的各種成人角色；四是使用智識測驗或其他手段進行學生分流，然後將課程區分給不同團體學生，以便能夠在使其成爲特定成人角色上進行訓練。最後，一旦學生成爲成人後，他們所完成的課程是否能有效地讓他們爲未來生活做準備，課程專家要再去研究學生（Null, 2010a）。

　　但「科學」一詞在《現代教育中的課程》一書中，幾乎和智識一詞同義，Bobbitt 同時提出科學的侷限性。

> 　　科學被界定爲是經歷和運作理解，它是存在的一個東西，它不是在放在書本上，也不是在語言上，而是在成熟心靈之個人的智識觀點。（Bobbitt, 1941: 16）
>
> 　　科學就像一個路線圖，呈現到達目的的最好方向，或引導到別處，但此地圖並不能做決定，而是由使用它的人去決定要採取的路徑。同樣的道理，科學所呈現的只是一種可能性的範圍，……，它留給每個人去做自己的選擇，所有的方向是在個人本身的心靈和意志。（Bobbitt, 1941: 228）

四、強調課程和學生的個殊性與自主性

　　Bobbitt 曾特別在《課程》一書中提及，課程的功能旨在形成「團體意識」（large group consciousness），因此一些研究二十世紀初期課程史的學者，便常會依據 Bobbitt 在《課程》一書中的論點，批評課程形成初期即具有「社會控制」的意識形態（Apple, 1979; Franklin, 1974; Kliebard, 1975）。

　　如何在團體中發展成員的眞誠感情，無論是大或小？似乎只有一個方法，就是要與團體一起思考、感覺和行動，當作爲團體的一部分，就要從事團體的活動及努力達成團體的目標；當一起爲共同目標、願景和一致判斷而行動時，個人就會融入具凝聚力的小團體，由小團體再融入內在具合作性的大團體（Bobbitt, 1918: 131）。

　　其實 Bobbitt 亦重視課程和學生的個殊性與自主性，只是在很多的課程論著中一直未被強調。例如他曾指出「生活是一種個別的事務，它是個人自我的回應，沒有兩個人能擁有相同的特質，其差距是遠大於教育想要去確認的部分」（Bobbitt, 1927: 45）。至於在《現代教育中的課程》一書中所提出的「美好生活」，Bobbitt 也認爲其是多變的，對於任何的兩個人都不會具相似性。因此，成人無法一直控制學生的思想與行動，

　　　　年輕人的生活是不可能被行政辦公室所計劃，送給教師的計畫，僅能根據兒童的特殊性進行其生活的管制，自由個人（free persons）的教育是他們要過他們所擁有的生活。（Bobbitt, 1941: 228）

　　綜合上述 Bobbitt 於 1927 年後課程思想，無論對教育目的的看法、教育內容的選擇，以及「科學」內涵的界定等，都已依本身的學術生涯的成長而產生改變，後續的論述觀點更明顯加入部分進步主義的理念，若對照美國當時期的社會環境和學術思潮可推知，1930 年代進步主義思潮的發展多少影響 Bobbitt 課程思想的轉變。

伍　議題探討

　　綜合前述關於 Bobbitt 傳統論述的批判分析，可發現傳統對 Bobbitt 課程思想的論述，普遍具有貶抑的意味，同時只針對其初期的課程論述中的

主張進行評析，而未針對其生涯中所有論著的主張，以及早期與後期的課程觀點產生了哪些具體的改變。至於國內對 Bobbitt 的介紹，由於大多引述 1970 年代初期一些再概念論學者的觀點，除了可能導致對 Bobbitt 產生錯誤的認知，同時基於任何的課程理論都有其優缺點，以一個截然不同的課程典範理論，或從現在已發展近一百年的課程現況，去評介二十世紀初期 Bobbitt 的課程思想，對 Bobbitt 而言，有失公允。然而，我們該如何界定 Bobbitt 的課程歷史定位？又該持何種歷史取徑探討課程學者的思想？以下主要針對這兩個問題進行深思，作為本研究的結論。

一、*Bobbitt* 課程歷史的定位應為何？

從上述本研究分析得知，大多課程學者對 Bobbitt 課程思想的歷史評述，通常會認為其是保守的或落後的，這樣評述其實未考量 Bobbitt 的整個生涯發展，就如同我們不應將再概念學派具體化為是課程領域的全部一樣，而是要將其置於整個美國歷史脈絡進行分析（Wraga & Hlebowitsh, 2003），若將某學者在特定時期的思維視為其生涯的全部，其實也是一種「非歷史」的作法。基本上，任何一個時期所發生的主流課程思想都是源自於特定的歷史脈絡，當社會情境不同，可能又會形塑另一種新的主流課程思想，因此我們可發現，因 Bobbitt 所處的時代正值科學主義思潮當道，其初期的課程研究顯然受到科學主義的影響；然隨著時序邁入 1930 年代，進步主義思潮崛起，Bobbitt 後期論著的思維也開始出現進步主義的影子。

此外，在評述 Bobbitt 課程歷史的定位時，還有必要重視擬情理解，因為在二十世紀初期課程領域尚缺乏理論基礎的時空環境下，Bobbitt 能夠為課程領域尋求可資參考的學理，已是相當具貢獻。在眾多學者中，Eisner 的評析被認為具公平性（甄曉蘭，2007）；他指出，Bobbitt 雖考量

課程建立的過程是具複雜性，但卻低估教師工作的動態特性，因此許多學者在對其進行歷史回顧時，很容易去說他應該是如何，其實我們應就其所處的時代脈絡來看待 Bobbitt，就他的時代而言，他帶領他的團隊向前邁進（Eisner, 1967）。再者，目前會出現如此多的課程思想，其實也和 Bobbitt 先提出特定課程理念有關，後續學者因為以他為批評標靶，才能夠創發許多與其理念互補的課程思想。

二、該持何種歷史取徑探討課程學者的思想

　　一般而言，許多研究者在探討某位學者的課程思想時，透過其課程原著閱讀，通常會將焦點放在「他／她說了什麼」，然而本研究認為回答「他／她為什麼這樣說」的問題更為重要。至於要如何回答此問題，課程史學者「歷史想像」的運用至為關鍵。杜維運（1986）曾提出「歷史想像」的概念，它是指史學家要將自己放入歷史之中，進入歷史的情況與空間，然後想像當時可能發生的一切，至於歷史上的人物，尤須靠歷史想像以洞察，要儘量以自己代替他人的地位，想像自己為歷史上的某人，體會其境遇，身處其地位，思想其思想。為了達到此一境界，未來有必要強化課程工作者在這方面的歷史素養。

　　歷史是一種移動的、有問題的論述，表面上，它是關於世界的一個面向──過去，然它們的作品一旦流傳出去，便會一連串地被使用和濫用，這些使用和濫用在邏輯上是無窮的，但在實際上通常與一系列任何時刻都存在的權力基礎相對應，並且沿著一種從支配一切到無關緊要的光譜，建構並散布各種歷史的意義（Jenkin, 1991）。

　　Kridel 和 Newman（2003）在探討課程史的學術樣貌時，曾指出要「把課程史視為不沉默的聲音」，視為是其中一種研究脈絡，亦即要探討課程史文本中被忽視或扭曲的聲音，當然也包括特定人物課程思想的研究。

陸 結論

　　本研究主要是針對 Bobbitt 的課程思想進行歷史重述，所採用的研究觀點與分析取徑，也可作為未來評析其他課程學者之歷史定位的參考，包括在探討某一課程學者的思想時，有必要針對其第一手論著進行閱讀，如果還是引用他人的詮釋，將可能會因他者的錯誤或部分詮釋，而對其形成不當的認知。其次，則是不要只選擇課程學者在特定時期的觀點，因為任何學者的觀點常會因時空環境改變，或個人學術經歷的累增，而產生論點內涵的改變。其三，則是可透過與其他學者的課程思考進行比較，此分析策略有助於對其課程主張進行更深入的理解，因為即使被歸納為同一傳統的各個課程學者，彼此之間的課程思想仍會有差異。最後，則是要從一些文獻中，對被評述之課程學者的歷史定位進行「問題化」處理，因為文本中之學者的歷史定位有時是被研究者建構或想像出來的，相關可能的規範性論述都要不斷被質疑，然後再從不同角度賦予其新的歷史意涵。

參考文獻

杜維運（1986）。**史學方法論**。臺北：三民。

宋明娟（2006）。重看 Ralph Tyler。**教育研究與發展期刊，3**（2），83-112。

黃光雄、蔡清田（1999）。**課程設計：理論與實際**。臺北：五南。

黃金森（2007）。**再評（R. W. Tyler）泰勒之課程思想**（未出版之碩士論文）。國立臺北教育大學課程與教學研究所，臺北。

黃政傑（1991）。**課程設計**。臺北：東華。

黃俊儒（2005）。Ralph W. Tyler 模式之批判、澄清與建議。**課程與教學季刊，8**（2），91-104。

黃嘉雄（2004）。釐清泰勒的課程評鑑觀。**國立臺北師範學院學報，17**（1），27-50。

甄曉蘭（2007）。如何編製課程。甄曉蘭主編，**課程經典導讀**（頁 19-38）。臺北：學富。

歐用生（1994）。**課程發展的基本原理**。高雄市：復文。

鍾鴻銘（2010）。論 Franklin Bobbitt 課程思想的二元性。發表於國立臺灣師範大學主辦，「教育發展與革新的沉思：**哲學與歷史的觀察**」國際**學術研討會**。臺北：國立臺灣師範大學。

Apple, M. W. (1979). *Ideology and curriculum*. New York and London: Routledge.

Bobbitt, F. (1918). *The curriculum* . New York: Arno Press & The New York Times.

Bobbitt, F. (1924). *How to make a curriculum*. Boston, MA: Houghton Mifflin.

Bobbitt, F. (1927). The orientation of the curriculum-maker. In G. M. Whipple (Ed.), *The foundations and technique of curriculum-construction, part II.*

The foundations of curriculum- making. The Twenty-Sixth Yearbook of the National Society for the Study of Education (reprinted ed.) (pp.41-55). New York: Arno Press & The New York Times.

Bobbitt, F. (1941). *The curriculum of modern education*. New York: McGraw-Hill.

Eisner, F. W. (1967). Franklin Bobbitt and "science" of curriculum making. *The School Review, 75*(1). Seventy-Fifth Anniversary Issue, 29-47.

Franklin, B. M. (1974). The curriculum field and the problem of social control: 1918-1938, Ph, D. Diss. University of Wisconsin, Madison.

Giroux, H., Penna, A., & Pinar, W. (Eds.) (1981). *Curriculum and instruction: Alternatives in education*. Berkerley, CA: Mccutchan.

Hlebowitsh, P. S. (1992). Amid behavioural and behaviouristic objectives: Reappraising appraisals of Tyler rationale. *Journal of Curriculum Studies, 24*, 553-547.

Hlebowitsh, P. S. (1999). The burdens of the new curriculum. *Curriculum Inquiry, 29*(3), 343-354.

Hlebowitsh, P. (2005). Generational ideas in curriculum: A historical triangulation. *Curriculum Inquiry, 35*(1), 73-87.

Jackson, P. (1992). Conceptions of curriculum and curriculum specialists. In P. Jackson (Ed.), *Handbook of research of curriculum* (pp.3-40). New York: Macmillan.

Jenkin, K. (1991). Re-thinking history. New York; London: Routledge.

Kliebard, H. M. (1975). Metaphorical roots of curriculum design. In W. F. Pinar (Ed.), *Curriculum theorizing: The reconceptualists* (pp.84-85). Berkeley: McCutchan.

Kridel, C., & Newman, V. (2003). A random harvest: A multiplicity of studies in American curriculum history research. In W. F. Pinar (Ed.), *International handbook of curriculum research* (pp.637-650). NJ: Lawrence Erlbaum

Associates, Inc.

Null, J. W. (1999). Efficiency jettisoned: Unacknowledged changes in the curriculum thought of John Franklin Bobbitt. *Journal of Curriculum and Supervision*, *15*(1), 35-42.

Null, J. W. (2004). Social efficiency splintered: Multiple meanings instead of the hegemony of one. *Journal of Curriculum and Supervision*, *19(*2), 99-124.

Null, J. W. (2010a). Curriculum. In C. Kridel (Ed.), *Encyclopedia of curriculum studies* (pp.18-189). Los Angeles: SAGE.

Null, J. W. (2010b). Social control theory. In C. Kridel (Ed.), *Encyclopedia of curriculum studies* (pp.786-789). Los Angeles: SAGE.

Popkewitz, T. S. (2001). Dewey and Vygotsky ideas in historical spaces. In T. S. Popkewitz (Ed.), *Cultural history and education: Critiocal essays on*

Reid, W. A. (1993). Does Schwab improve on Tyler ? *Journal of Curriculum Studies*, *25*(6), 499-510.

Scheideman, J. W. (2004). *Bobbitt's window: Understanding turning points in reflective curriculum history and unmuffling reflective voice in adult learning: Doubt and identity*. Unpublished doctoral dissertation, Depaul University.

Seguel , M. L. (1966). *The Curriculum Field: Its Formative Years*. New York: Teachers College Press.

Vallance, E. (1974). Hiding the hidden curriculum. *Curriculum theory network*, *4*, 15.

Wraga, W. G., & Hlebowitsh, P. S. (2003). Toward a renaissance in curriculum theory and development in the USA. *Journal of Curriculum Studies*, *35*(4), 425-437.

第六章 F. Bobbitt 課程理論的歷史轉折

鍾鴻銘 [1]

摘要

　　在課程領域，Bobbitt 是科學化課程編製的創始者，且被視為社會效率論的主要代表人物。但約莫在 1920 年代中期，Bobbitt 的課程理論產生某種程度的轉折。前期的 Bobbitt 受到 Taylor 科學管理論的影響，並將其觀點應用至課程編製。此一時期的 Bobbitt 強調的是科學化的課程編製程序與社會效率的教育目標。轉折後的 Bobbitt 則向著進步主義的兒童中心論傾斜，更為重視兒童現時的生活與個別化課程。本文之目的即在對比 Bobbitt 前後期的課程理論主張，並嘗試對其課程理論的轉折提出解釋。

關鍵詞 課程史、Bobbitt、進步主義、社會效率、科學化課程編製

---

[1] 國立宜蘭大學教授。

壹 前言

　　1918 年對課程研究而言，是至爲重要的一年。因爲 1918 年堪稱是課程領域自我意識的誕生年。不僅課程之父 F. Bobbitt 的《課程》（*The Curriculum*）專著於此年出版，同一年，A. Inglis 亦發表《中等教育的原理》（*Principles of Secondary Education*），此書雖非課程專著，但主要處理的卻是課程問題。再者，W. H. Kilpatrick 亦於此年發表其《設計教學法》（*The Project Method*），此一論文對活動課程的發展具有莫大的影響。最後，美國中等教育重組委員會（Commission on the Reorganization of Secondary Education）亦於此年發表《中等教育原則報告》（*Cardinal Principles Report*）報告書，此報告書提及的七項教育目標，對形塑此後的課程目標具有重要影響力（Kliebard, 1968）。對課程研究而言，上述四者中又屬 Bobbitt《課程》專著的出版，對課程研究的影響最爲深遠。「在現代課程改造運動底初期，那是影響最大的一本書」（史國雅，1948：43）。就課程史而言，此書不僅被視爲課程成爲一專門研究領域的嚆矢，同時開啟了科學化課程編製的年代。

　　大學畢業後至菲律賓任教職時，Bobbitt 即曾編製過學習教材，書名爲《英文的第一本書》（*A First Book in English*），此書是專爲以英文爲第二語言之人而寫的學習教材（DeWulf, 1962; Smiley, 1992）。至大學任職後，Bobbitt 本以教育行政爲專長。1912 年 Bobbitt 從教育行政的角度撰寫〈削除教育中的浪費〉（The elimination of waste in education）一文，因本文涉及課程問題，故在本文發表之後，「其作爲一課程領導者的生涯已經啟動」（Kliebard, 2004: 83）。Schubert、Schubert、Thomas 與 Carroll（2002）則是認爲 Bobbitt（1915a）的課程思想發端於《學校在教些什麼與應教些什麼》（*What the Schools Teach and Might Teach*），在該書中，Bobbitt 對學校教育內容的實然面與應然面進行對比性的探討。1918 年出

版的《課程》專著，則全然聚焦於課程的編製，故更常被視爲課程學術研究的歷史起源，Bobbitt 亦因此書而享有課程之父之譽。此外，Bobbitt 亦因此書與 1924 年《如何編製課程》（*How to Make a Curriculum*）的立場，被視爲科學化課程編製與社會效率論的主要倡導者。

　　但是誠如 Marsden（2000: 12）所言：「Bobbitt 對於課程研究的貢獻並非如通常所提出的那麼徑直。」大部分課程研究所論及的 Bobbitt，僅是 Bobbitt 前期的主要著作。觀諸 Bobbitt 中後期的著作，可窺知在教育與課程立場上，Bobbitt 出現明顯的轉折。此一歷史轉折，亦爲部分課程學者所言及。例如 Smiley（1992: 8）在其探討 Bobbitt 學術生涯的博士論文中即曾指出：「大約在 1924 至 1926 年之間，Bobbitt 改變其課程立場。」Kliebard 在探討全國教育研究會（National Society for the Study of Education）1927 年所出版的《二六期年刊》（*Twenty-Sixth Yearbook*）時亦曾表示：「最令人驚訝的陳述是 Bobbitt 的」（2004: 153），因爲，Bobbitt 在此年刊所輯的文章中，對其此前某些基本課程主張，提出不一樣的說法。Smiley（1992: 5）亦指出：「在該年刊中，Bobbitt 對兒童中心課程的接受令許多人感到驚訝。」在此之後，Bobbitt 的最後一本專著是 1941 年退休前夕所出版的《現代教育中的課程》（*The Curriculum of Modern Education*）。課程史學者 J. W. Null 即曾以此課程專著探討 Bobbitt 後期的思想，Null（1999: 40）指出：「1941 年的 Bobbitt 並沒有抱持他在 1911 年開始提出之相同的課程立場。」Null 並且指出，Bobbitt 在《現代教育中的課程》一書中，蘊含有四種一致的理念：首先，強調普通教育的重要性；其次，認爲無法事先決定學生的未來生活及角色；第三，學校的必要性在於發展個人的心智而非工作訓練；第四，重視西方傳統中的「偉大著作」（great books）。此四者與早前的課程立場有明顯的殊異之處。

　　誠如 Null（1999: 37）所言：「一些其同代之人，未能認知到此一改變，而且當代學者亦未能覺知到 Bobbitt 改變後的觀念。」因此，本文擬全面性地探討 Bobbitt 的思想，以了解其前、後期課程思想不同之處。本

文首先概述 Bobbitt 學術生涯前期社會效率與科學化課程編製的理論主張，再者則是陳述其後期具有進步主義傾向的課程思想。其後，則是嘗試對 Bobbitt 課程思想的歷史轉折提出評述。

貳　社會效率與科學化課程編製的 Bobbitt

　　Null（2004: 99）曾指出：「『社會效率』或許是晚近有關課程史著作中最突出的概念。」此或因課程乃興起於一個強調社會效率的時代氛圍之中，而且在彼時，不少知名教育學者或多或少都曾對社會效率提出自己的見解（楊智穎，2014）。在描述社會效率論課程意識形態的興起過程時，Kliebard（2004: 83）曾指出：「沒有一個人比 John Franklin Bobbitt 更能代表效率心志的教育工作者此一新的類型。」是故，一般在介紹科學化課程編製理論時，皆以 Bobbitt 爲主要代表人物（黃光雄、蔡清田，2015；黃政傑，1991；甄曉蘭，2007；McNeil, 2015；Pinar, Reynolds, Slattery, & Taubman, 1995）。Bobbitt 主要是從科學管理的角度探討效率的問題，對其而言，「效率意味著權威的集中化，以及管理人員對整體過程明確的指導」（Bobbitt, 1913: 89）。Bobbitt 的課程論述，可上溯至 1912 年〈削除教育中的浪費〉一文。此篇文章即是在探討效率的問題。在本文中 Bobbitt 曾提出四條科學管理原則，作爲教育人員參考。第一條原則是在可能的時間之內對學校設備完全加以利用。第二條原則是使每一個工作者的工作效率發揮至極致，以使工作者的人數減至最低。對教育而言，此可透過教師教學科目的個別化加以達成。第三條原則，則在評述發展遲滯、健康不良及低活動力所引起的附帶浪費現象，Bobbitt 認爲此可透過爲學童提供娛樂設施及活動的作法加以改進。第四條原則，則是主張將學生看成是有待製作成成品的原料，學校的教育過程即在有效率地將這些原料，轉化成能爲社會所用的產品。

　　自此之後，Bobbitt（1913, 1915c）開始將研究科學管理之父 F. W. Taylor 學說的心得，應用至教育或課程領域。是故，「Bobbitt 的《課程》是第一本採取 Taylor 的方法並將其應用至課程的著作。」（Null, 2010: 188）在將興趣轉向課程的同時，基於自身興趣與相關單位的請求，Bobbitt（1914, 1915b, 1918b, 1918c, 1922）亦曾進行部分學區運作的調查，特別是評估課程的妥適性。就整體而言，受科學管理思想的影響，在 1920 年代中期之前，Bobbitt 大致體現出社會效率論的一面與科學化課程編製的主張，以下即概述此期 Bobbitt 的課程理論或主張。

一、教育目的

　　Bobbitt 主張以新教育的教育功能觀取代舊教育的教育功能觀。所謂的新教育即功能性教育（functional education），「它是對人之訓練，以使其履行構成其生活之功能或活動。」（Bobbitt, 1924b: 45）Bobbitt 認為新教育的目的旨在幫助學生以一種合宜的方式過生活，對其而言，教育目的可說是為未來的生活做準備。在《如何編製課程》一書中，Bobbitt（1924a: 8）亦提出：「教育首先是為了成人生活，而非兒童生活。其基本責任是為五十年的成人期做準備，而非為了二十年的兒童期及青年期。」因此，對 Bobbitt 而言，教育的目的之一即是為成人生活做準備，也就是為未來的社會角色做預備。其次，教育除了須幫助個體為未來生活做準備外，亦須對整體社會提供有效率的服務。Bobbitt（1918a: 282）在《課程》專著的結論部分曾明白指出：「在本書中，我們試著從社會需要的觀點來看待課程問題，且至少在某種程度上，藉以發展有關教育的社會觀點。」對於學校能提供何種社會服務，Bobbitt（1918a: 68）則是認為：

　　　　作為社會進步之動力，學校理應提供有效率之服務。就我們現時所知，有效率之服務，非受臆測或妄想或特殊之自利所指導，而是

科學。爲有效率，學校並非坐待某人揣測出某種可欲之社會進步之型
式，或待較大個人利益之欲望所鼓動，或求避免損害之付出。科學的
管理要求預測——精確的預測。它要求理解，在沒有因爲特殊利益的
主張及反對意見所產生之任何扭曲的情況下，其以眞實而平衡的關係
看待所有因素。

綜合以言，Bobbitt 認爲學校教育應該爲社會提供有效率之服務，此
種有效率的服務，體現於以科學方式進行教育或課程之安排，使個體有效
地爲其成人生活預做準備。

二、科學化的課程編製

Bobbitt 極爲重視課程之決定，認爲教育工作能否成功，繫乎課程是
否編製得宜；而課程編製是否得宜，又視乎其是否由科學程序所決定。因
此 Bobbitt（1917: 219）指出：「將科學方法應用至課程，不能夠僅僅是科
學實驗室、課堂研究、教室記錄及測量等等的簡單事務，它必須是決定各
種活動領域之人彼等之需求的技術。」以下首先敘述 Bobbitt 對課程的見
解，次則描述其所設想之課程編製的技術。

(一) 課程的意義

課程學者各有其不同的課程意象，Bobbitt 則是傾向於從活動及經驗
的角度看待課程，因此，Bobbitt 指出：「課程，……，是一系列使一個
人能達成教育目標的學童活動與經驗。」（1924b: 49）「學生的經驗與
活動是課程。」（1922: 9）在《如何編製課程》一書中，Bobbitt（1924a:
44）同樣指出：「活動和經驗即是課程。」但是人類的經驗非常廣泛，哪
些經驗才能納入課程內容，Bobbitt 亦曾加以探討。Bobbitt（1918a: 43）在
《課程》中即謂：

　　課程可經由兩種方式加以界定：(1) 它是經驗的全部範圍，既有指導的亦有未指導的，事涉個體經驗之開展；(2) 它是一系列有意指導之訓練經驗，學校用以完成及完備此等開展活動。吾等之專業通常以後者之意義來使用此詞。但是當教育越來越被視爲是經驗的一種事物，且當一般社區生活的工作及遊戲經驗越來越常被運用，存在於指導與未指導訓練經驗間的分割線，已迅速消失。即使不能指導二者，教育必須是關於二者。

　　易言之，Bobbitt 認爲吾人所接受之無指導的經驗必然是有所缺陷，此恰爲有指導之經驗須加彌補之處，而找出兩者間的溝壑即是課程編製的重點，此點或如 Eisner（1967: 34）在探討 Bobbitt 的科學化課程編製時所指出的：「存在於有能力之成人所能夠做的事項和兒童能夠做的事項間，構成了透過課程經驗要加以化減的溝壑。」Bobbitt（1918a: 43）進一步指出：

　　　　課程發現者首先是人類本質及人類事務的分析者。對於此點其工作與「所學內容」（the studies）一點關係也沒有──稍後他將擬定合適的學習內容作爲「手段」，但是他不可以用來分析工作的工具，並將其當作發現該項工作目標之方式。他的首要工作反而是，在確定適合於任一階級教育的情況下，去發現整個範圍的習性、技能、能力、思想、評價、志向之形式等等，它們是有效履行職業勞動所需之成分。……。分析之計畫並非一種狹隘之計畫。其寬如生活本身，因而得以發現構成完備形式之人類生活的馬賽克其所有的事物，它發現整個範圍的教育目標。

　　準此而論，對 Bobbitt 而言，構成目標及課程經驗的實際內容須於人類的實際活動中去找尋，且須具體地加以明細化，而且課程目標之特性在

於其爲能力而非知識。此種能力須透過分析程序而得，此種方法即其竭力主張的科學化課程編製。

(二) 課程編製的方法

在探討科學管理原則之時，Bobbitt（1913: 7）曾指出：「在任何組織之中，指導與管理人員必須清楚界定組織所努力以赴的目的。」將此觀點應用至教育組織或課程編製，Bobbitt（1921a）亦認爲課程編製的第一步當然是決定發展的結果，也就是訓練的結果。所以 Bobbitt（1924a: 8）認爲：「首要的工作是發現構成男女生活的活動，以及適當履行這些活動所必要之能力及個人品格，這些就是教育目標。」如就培育良好公民的教育目標而言，首先須明確陳述出良好公民能力，以爲後續活動之引導，Bobbitt（1921b: 264）指出：

> 這是第一必要性——每一接下來步驟的先備條件。在我們能夠使一個公民履行其適當功能時，他必須先知道這些功能爲何，以及他必須擁有何種公民能力，以便履行它們。

但是目標的正確性及特殊性，並非從學科教材內容的掌握加以界定的，而是從人的能力，也就是人實際做事情的能力加以掌握。Bobbitt（1924c: 127）指出：「由無數的調查人員所開發之課程編製的新技術中，一個普遍爲人所接受的基本假設是：我們必須發現實際於男性與女性生活中運作著的那些事物。」因此對 Bobbitt 而言，課程的內容已從以往的學科知識擴增至生活所有的層面，也就是人所從事之活動。Bobbitt（1918a: 42）指出：

> 中心原理至爲簡單。人之生活，無論如何變化，總是由特殊活動之表現所構成。爲生活做準備之教育，乃是確切且適當地爲這些特

殊活動做準備。對於任何社會階級而言，它們或許數多而多樣，然皆可被發現之。此惟要求人走入世界事務之中，以發現構成這些事務的細節。這些細節將顯示人所需要之能力、態度、習性、鑑賞力，以及知識形式。這些將會是課程的目標。它們將會是數量繁多、明確，且特殊化。課程因而將會是兒童及青少年藉以達到這些目標所必要的一系列經驗。

Bobbitt 將界定課程目標與課程經驗的方法稱之為「活動分析」（activity-analysis），其指出：「活動分析是發現教育目標的基本方法」（1924d: 292）。在《如何編製課程》一書中，Bobbitt（1924a: 8）亦明白指出：

採用的計畫是活動分析，第一個步驟是將廣泛的人類經驗分析成主要領域，分界線得以採多種方式劃定，每一個課程編製團體可依最有利於其目的的方式來進行劃分。

Bobbitt（1924a: 9）接著指出：人類活動的每一主要領域劃定之後，第二個步驟即是逐一將其分析成更為細部的活動。在將每一個主要領域劃分成幾個大單元之後，繼續將這些大單元細分成小單元，以此類推，直至發現所應履行的明確活動為止。Bobbitt 指出，應將焦點放在人類的實際活動之上，因此分析的工作是以觀察為基礎。以上述論點為基礎，Null（2010, 2011）將 Bobbitt 的活動分析區分為幾個步驟。首先是找出每一專業領域的最佳工作者，而後研究這些人員以便找出何種因素使得這些人員工作如此有效率。其次，讓受過實徵訓練的課程研究人員對這些工作者進行觀察，其目標是蒐集資料以便產生資訊，這些資訊能夠顯示為何這些工作者之所以有效率的原因。最後則是找出有不同天分的學生以履行不同的社會角色，先前所蒐集到之各專業領域的資訊，即是不同學生所應接受的

課程。最後則是評鑑學生在不同社會職位的表現，以作爲後續改進課程的參考。

綜括而言，Bobbitt 反對從傳遞知識的觀點來看待課程，其以爲課程應是經驗與活動。Bobbitt 並且主張採取活動分析法來編製課程（Hunkins, 1976）。活動分析法主張以人類實際生活爲範圍，將其劃分爲幾個主要領域。主要領域劃定之後，再將各個領域細分爲幾個大單元，然後逐步細分爲小單元，如次以降，直至分析成各種實際的能力或活動爲止（Johnson, 1926）。從另一層面而言，此一方法包含兩個階段，首先是發現課程目標，其次則是規劃能達成這些目標的課程經驗。此一方法看似簡單，但是如欲臻於完善，整個課程發現的過程亦須耗時甚久（Jackson, 1992）。Bobbitt（1925: 656）並且認爲：「所採用之教育方法的性質爲所欲達到之目的的特性所決定。」當教育之目的不再是儲存知識而是有效履行未來所欲扮演的角色之時，Bobbitt 亦主張採取「實作」爲教育的方法。

參　進步主義的 Bobbitt

在 Bobbitt、Charters 等人的提倡下，社會效率的課程觀曾經盛極一時，但是到了 1920 年代後期，社會效率課程觀已經開始式微（Kliebard, 1971）。就在社會效率觀趨於衰微的同時，Bobbitt 刊載於《二六期年刊》的文章亦開始否定自己某些早期的課程論點。Smiley（1992: 5）即指出：「在該本年刊中，Bobbitt 對兒童中心課程的接受，使許多人感到驚訝。」Scheideman（2004: 11）亦指出，在 1926 年之後，Bobbitt 將其心志從一種實用的及任務中心的課程觀，轉向一種兒童中心的課程觀。在 1926 年之後，Bobbitt 所出版的唯一課程專著即是 1941 年發行的《現代教育中的課程》。此書出版未久，Bobbitt 的學生 W. H. Burton 即曾撰寫書評，在書評中 Burton（1941: 510）指出：「某些評論者肯定地說 Bobbitt 相當大程度改

變了其觀點，就某種程度而言此爲眞，此恰如在吾人動態演進之教育領域
的每一個教育領導者一般。」Jackson（1975）亦認爲許多探討 Bobbitt 的
學者，諸如 L. Cremin、Eisner、R. E. Callahan，都未提及此一著作，但是
他認爲在論及 Bobbitt 的思想之時，這是一本不該受到忽視的著作，而且
他以爲在這本書中：「他批評的銳利性已經喪失掉鋒芒，而且其早期對
課程之科學進路的有利條件所抱持的信心也已經弱化。」（p.129）職是
之故，吾人可歸結而言，「到了 1940 年代，Bobbitt 對效率的承諾已經冷
卻」（Armstrong, 2003: 84）。以下即以 Bobbitt 後期的著作爲基礎，探討
Bobbitt 進步主義的課程觀。

一、教育即正當的生活

在〈課程編製的新技術〉（The new technique of curriculum-making）
一文中，Bobbitt（1924b: 49）曾指出：「教育是生活的準備，且生活是一
系列的活動。教育因而是履行這些活動的準備。」但是在〈品格建立與新
課程〉（Character-building and the new curriculum）一文中，Bobbitt（1926:
472）已主張在教育上，「生活並非要加以準備，而是要加以生活經歷
過。」另外在〈課程編製者的趨向〉（The orientation of the curriculum-
maker）一文中 Bobbitt（1969: 43）亦進一步指出：

> 教育首先不是爲某些未來的時間做準備，恰恰相反，其目的在
> 使現行的生活維持在高檔，使其健全、熱切、充足、豐富，且堅定地
> 將其裝備於習性的常軌之中。唯有如此，高級的生活才能獲得動能以
> 使其持續至終點，而後，當有價值之生活的動能，引領整個過程日復
> 一日、年復一年地向前行走，未來自動地受到照應而且毋須多加忖
> 度。只要吾人日復一日、週復一週維持運動中的現在於高檔，當我們

到達未來之際，我們將會發現彼時之活動亦將會是高級的形態，從維持現行生活於高檔所取得的動能是未來的準備。

　　就其真實的意義而言，生活不能被「準備」，它唯能被生活過。但幸運的是，生活於生活之中便能提供動能，使其持續維持於同樣的層次之上。以適當的方式過生活，驅使生活沿著教育所欲的路線前進，而且毋須多所作為，為生活做準備因此是生活本身的一種副產品。

教育之所以無法為未來做準備，乃是因為，「人類有機體是具有相當大彈性的，一個人要成其為何，是無法事先決定的。」（Bobbitt, 1941: 3）而且，從前段引文中吾人不僅看到 Bobbitt 對早期觀點的否定，同時亦可看出其觀點開始趨近於 Dewey（1916）的觀點，也就是教育即生活的觀點。只不過 Bobbitt 更為強調其價值意涵，也就是教育必須引領人過一種完善的生活（good life）。而且如同 Dewey 並不全然反對教育對準備未來生活所具有的功能一般，Bobbitt 亦是認為如果能體現教育即正當地進行現在生活的話，那麼所謂為未來生活做預備的功能自然內蘊於其中。易言之，Bobbitt 與 Dewey 一樣認為手段與目的是相結合的，因此，Bobbitt 指出：「目的是正當的生活，方法是正當的生活」（1934: 264），「……教育目標和教育過程是同一件事，現在持續正當的生活是適當準備未來生活的過程。」（1969: 42）而且，

　　　　所謂生活是生活於動態的現在，它是於現在中受引導，它是在現時中維持於高檔，現在正被生活著的生活乃是被塑造著的生活。因為它只存在於現在之中，所以它唯能於現在中被塑造。教育僅直接關心動態的現在……。（1969: 42）

此時的 Bobbitt 對於知識的見解，亦與實用主義（pragmatism）的立

場是一致的，也就是強調知識的工具性，認為知識是過完善生活的工具。Bobbitt（1934: 261）指出：「我們必須將技能、知識當作『手段』來使用，而『目的』或是目標則是生活本身。」

　　此外，在《現代教育中的課程》一書序言中，Bobbitt（1941: vii）亦明白指出：「本書的主題極為簡單：完善的生活是所要學習的事物，而且學生是經由生活它來學習。」因此在教育目的上，Bobbitt 與早期的社會效率教育目的觀已有所偏離。Null（2004: 99-100）認為社會效率，「這個概念在二十世紀初期從未具有一簡單的定義，而且在未來也可能不存在一個簡單的定義。」Null（2002, 2004）指出，W. C. Bagley、I. King、Bobbitt、D. Snedden、Dewey 都曾提倡過社會效率，因此社會效率有不同的意涵。就 Bobbitt 而言，社會效率即是職業效率（occupational efficiency），也就是透過教育使學生在未來擔任一特定之職業，以完成其「天職」（calling）。但是在《現代教育中的課程》一書中，Bobbitt（1941: 6-8）將教育目的界定為「完善的生活」，並且將其劃分為十八個領域，其中有十六個領域屬於普通教育，只有兩個領域是屬於職業範疇。因此，Null（1999: 39）指出：「根據其改變後的立場，……Bobbitt 主張普通教育是提升心智的成長，而非工作的準備。」因此，相對於早期強調以明確的方式來定義目標，Bobbitt 所界定之教育目的較為一般性。Everett（1941: 794）在評論《現代教育中的課程》一書時即認為，「作者並未澄清完善生活的成分為何。」而且他指出：

　　　　假如教育是實際的而且重視行動的話，那麼在課程編製中，我們必須更為詳細地決定我們的目的為何，以及它們如何與日常生活世界中的實際問題有著關聯。但一個人獲得的印象是，作者嘗試去發展涵蓋所有時間與地方的一種普遍之完善生活的觀念。（p.795）

由此可見，Bobbitt 後期所設定的教育目的已從早期的生活預備說，

逐漸轉向教育之目的即在使學生過正當的生活或是完善的生活。而且，此種概括性的教育目的顯然與其早期倡導教育目的應明確而精細有所不同，它是一般性的及概括性的，而非明細性的。此一特性亦顯現在 Bobbitt（1935）對普通教育的提倡上。

二、課程的個別性

在《如何編製課程》一書中，Bobbitt（1924a: 5）指出：「目前課程編製的主要工作乃是一般目標的發現，以及途徑之一般綱要的規劃。」不過 Bobbitt 所認為的課程編製應是以地方為基礎的，因為「一個特定城市所採用的學程不應該從某些遙遠的中央單位來交付」（Bobbitt, 1925: 653）。所以就課程即目標而言，Bobbitt（1924a: 40）認為：「每一個學校系統應該形成自己的學校目標。」稍後，Bobbitt（1969）則進一步區分普通課程（general curriculum）及個別課程（individual curriculum），並且將探究的重點放在個別課程之上。因為如果說教育之目的即在使學生過完善生活的話，那麼，「完善的生活是一種變量，而且對任何兩個人而言從不相同。」（1941: 21）而且，「生活是一種個別的事務。……。沒有兩個人能夠擁有同一種本質，且人與人之間的差距遠較教育所願意承認的來得大。」（Bobbitt, 1969: 5）除了人的本質不同外，環境的殊異亦造成個體間的差異更形擴大。因此，Bobbitt（1969: 46）指出：為了完全的自我實現，每一個人必須依據其本質以及所遭遇的環境來過自己的生活。而且因為兒童和青少年的多樣性之故，彼等之生活不可能由外在權威一致性且機械性地加以設計，而後平等地且機械地將其套加在所有學生身上。其並指出：「每一個人……必須擁有其自己的課程」（1969: 46），「任何人的課程是其個人生活經歷的進程」（1941: 296）。而且，

　　　　就像任何其他事物一樣，可以有一種總體化的課程觀念，但若
　　就其特殊性而言，它是個人生活的連續性，其數目之多如同其人之
　　多，在一個一千人的學校裡，有一千個生命在開展著。……。總體化
　　無法也不可能描繪適合於任何個體的生活方式。（1941: 297）

　　除了重視個別課程之外，Bobbitt 如同進步主義者一樣，亦重視兒童
的需求，其指出：

　　　　教育過程始自「需求」。……這些需求是個別之人的需求，就如
　　同個別之人在本質及情境上有廣泛的差異，在人與人之間需求亦有
　　所不同，對任何兩個人而言，它們從未相同，而且差異非常廣泛。
　　（1941: 228）

　　由於重視兒童的個殊性，所以 Bobbitt（1941: 297-298）認為普通課程
如果規定得過於詳細的話，便無法適應個別差異。其以為，一般課程往
往以印製的學程形式以作為全體學生的引導，其所植基之假設是教育乃學
科教材的大量移植，且可透過組織化的系統加以管理。由於人的因素並無
法完全排除，因此，必須留有彈性的餘地以為因應。但是 Bobbitt 卻觀察
到，教科書及工作簿卻越來越精細化，而且測驗也越來越標準化，以致彈
性空間幾乎喪失殆盡。不過 Bobbitt（1941: 298）亦指出：

　　　　教育專業現在已經了解到此種課程形態是完全先於科學的
　　（prescientific），而且對教育而言，它與在醫院裡統一處理大量的病
　　人一樣，是無法加以證成的。基於此，在教育上，我們現在開始轉向
　　個體本質和需要的發現，並且朝向個體生活的引導，漸漸地，我們
　　並不「編製」課程或是「安裝」（install）它，我們業已學到，我們
　　的工作只是去「發現」個體生活所經歷的方式。我們的工作是診斷、

預示、制約以及引導。課程「編製」是屬於渡渡鳥（dodo）和大海雀（great auk）[2] 之事，現行爲每一位兒童和青少年而從事之課程「發現」，已取代其地位。

所以，我們可以說到了後期，Bobbitt 已漸漸了解到預先設計課程的侷限性。因此，Bobbitt（1941: 321）指出：「學校不是去『編製』課程，而是幫助兒童或青少年好好地去發現自己，學校的工作不是將兒童加工處理成事先爲其設計的形態。」

三、科學觀點的轉變

作爲科學化課程編製的肇始者，Bobbitt 是極爲重視科學的。對於科學的重視，Bobbitt 可說是一以貫之。但是儘管如此，Null 卻注意到 Bobbitt 對科學觀點的轉變。Null（1999: 38）指出：

> 雖然他經常在這本書（《現代教育中的課程》）中使用「科學」此詞，但他採用此詞時卻與之前使用時具有不同的意義。Bobbitt 對於「科學」的忠誠從未衰退過，但是在《現代教育中的課程》一書，其「科學」與「理智」（intellect）是同義的。

Null（1999: 38）並舉 Bobbitt《現代教育中的課程》一書中的一段話作爲佐證：

---

2 渡渡鳥是生於印度洋毛里西斯（Mauritius）島上的一種鳥，體型大而不會飛，於十七世紀時已絕種。大海雀亦是大而不會飛的鳥，原居住於北大西洋沿岸，十九世紀時亦已絕種。

　　科學描述與解釋，它描繪之外別無他物，就其本身而言，它並不指導，它不是一組命令或是應許。它像是一張道路圖並顯示到達某人目的地最佳的路途，以及到達其他地方的途徑，但是這張地圖並沒有做決定，是使用此地圖之人決定擇取哪一條路徑。同樣地，科學顯示可能性的範圍，它顯示成功的路途及失敗的路途，但是它讓每一個人去做自己的抉擇，所有的方向存在於個人的心中及意志中。

　　事實上，在《現代教育中的課程》一書中，Bobbitt 將科學界定為人們對於實體性質之理解所達到之最完滿的程度。這種理解儘管不斷往前推進，但卻是永遠不可能完全的。而且 Bobbitt（1941: 13）以為：「科學並不僅僅界定為是以特殊方法所發現到之真理的那個部分，科學是人們最佳的理解而不考慮其獲致此種理解的方法。」對於 Bobbitt 此種科學的界定，Jackson（1975）曾指出，這樣一種寬廣的定義方式，並未僅僅將科學與技術專家及研究實驗室進行連結，故頗值得吾人讚許。不過此亦顯示，Bobbitt 後期對科學的理解顯然與早期從方法與技術的觀點來理解科學有所不同。

　　對後期的 Bobbitt 而言，科學既是現時人們對實體所獲致之最佳理解，而且為了讓教師、家長都能參與課程事務，Bobbitt 主張教育科學亦儘量簡單化，其以為：「我們現行的教育科學極需要簡單性及直接性，所有基本的真理應能簡單地加以陳述。」（1969: 50）Bobbitt 提出這樣的要求，與其轉向重視個別課程觀點是一致的。因為課程既無法由外在權威一致性地加在學生身上，那麼，「它們必須學生、教師及家長現時地加以設計，這些人需要來自教育科學基本原理的指導，這些基本原理當在眾人皆能理解的情況下提出。」（1969: 51）

　　除了上述三種轉變之外，在 Bobbitt 後期的課程思想中，教師的角色亦有了轉變。教師不再是根據事先界定之詳細規格而對學生進行塑造的「教育工程師」，而是兒童心智開展的引導者（Null, 1999: 38-39）。而

且，Bobbitt 亦賦予家庭及社會重大的教育責任，因為他們都是課程的提供者。後期的 Bobbitt（1941）曾對課程進行如下的界定：「課程——就其字面意義而言，是『奔跑的路線』——它是二十四小時的事務。」（p.23）而且其以為，「家庭必須管理其大部分，在此種情況下，家庭不管是好是壞都在進行教育。家庭提供基本教育，……，學校則是提供『輔助的』（contributory）教育。」（p.23）Bobbitt（1934: 263, 1941: 23）認為，一個人大概有九分之一的時間是待在學校之中，另外九分之八的時間則是身處家庭及社區之中，所以其以為，「個人大部分的教育是在校外獲得。」（1934: 263）由此足見，後期的 Bobbitt 對課程的界定更為寬廣，因此，他也提醒課程設計人員應注意課程的有機性及延續性，也就是校內課程應與日常生活進行有機的連結，而且校內活動應能接續校外的活動。

　　總結而言，在 1920 年代結束之前，Bobbitt 的教育思想更進一步呈現出進步主義的特徵。DeWulf（1962: 326-327）即曾指出，在 1920 年代結束之際，

> 　　Bobbitt 在其著作中呈現出「進步主義的」特徵。再一次地，其掇拾時代的領導觀念。與其十年前的著作做對比，較諸成人其課程更為從兒童本性的觀點進行思考；其課程經驗不再是事前固定的；而且整體而言，其課程不再完全是由外在於兒童經驗之「事務世界」所決定。簡言之，Bobbitt 從過程來看待兒童的本性與目的——也就是教育及生活。

肆　Bobbitt 思想轉折的可能解釋

　　Jackson（1975）認為 Bobbitt 最終放棄其教育工程學的立場頗為明確，但是產生此一重大轉折的原因卻不清楚。對於 Bobbitt 的課程思想何以產

生這樣的轉變，Null（1999: 40）也曾表示疑惑，但他給的答案是「很簡單，沒有人知道。」Null 首先根據 DeWulf 在其博士論文《John Franklin Bobbitt 的教育理想》（*The educational ideal of John Franklin Bobbitt*）中所提出的論點，解釋可能的原因，DeWulf（1962: 367）是如此敘述的：

> 偏愛的風向或社會的潮流相當大程度地改變了 Bobbitt 在生涯中強調的重點，因此 Franklin Bobbitt 是教育領域中的領導者，亦同樣是當下文化趨勢的附隨者。

但 Null 另亦指出，此一轉變也有可能是其學術生涯反省下的結果，Null（1999: 40）甚至指出：

> 或者相當可能的是，包含於《現代教育中的課程》中的觀念前前後後存在於 Bobbitt 的生涯中，而且目前的歷史理解隱藏了這些觀念。

Null 本人傾向於接受第一種觀點，所以在其文章一開頭，Null（1999: 35）便指出：「當個人的信念與實際的情境相逢，便『給出』某些東西，在這樣的情境中個人的信念通常會改變，即使其他個體未能體察到已轉變的觀念，John Franklin Bobbitt 的案例及其課程觀念說明了此一情境。」但是筆者則是較為贊同第三種觀點，也就是後期的觀點，事實上在早期的著作中已有蛛絲馬跡可尋。例如 Jackson（1975: 130）即曾舉 Bobbitt 前述所言之「課程『編製』是屬於渡渡鳥和大海雀之事」，來指證 Bobbitt 已間接否定使其享有盛名的《如何編製課程》一書的標題，而且他認為對 Bobbitt 而言，這是相當進化性的跳躍。但是事實上，Bobbitt 很早（1917: 220）便曾指出：「我們學習到課程不是被『編製』；它們是被『發現』。」而且，Bobbitt 在早期的著作中即慣於稱課程研究者為「課程發現者」（curriculum-discoverer）。其次，即使 Jackson 認為 Eisner 在探討

Bobbitt 課程思想的文章中並未提及《現代教育中的課程》一書，而是以早期的著作為主，但是對於 Bobbitt，Eisner（1967: 38）卻仍有以下的評論：

> 很明確地，他關心的是將教育與生活取得關聯，他將重心置於社會的社會需求以便形成教育目標，他強調學生在學習中的主動角色。在許多的方式上，他與試驗主義者（experimentalists）共同關懷整個兒童的教育，而且與試驗主義者一樣，他認為在教育計畫中應運用科學，但同時承認青少年或兒童的限制。

易言之，從早期的著作中，Eisner 已發現 Bobbitt 與試驗主義的相同之處。再者，Bobbitt 在〈削除教育中的浪費〉一文中所提出的第四條原則，即主張將學生視同有待處理成最終產品的原料，往往是 Bobbitt 提倡工廠隱喻的最佳佐證（Paraskeva, 2011）。但事實上，Bobbitt 在提出此原則之後所提出的論述，卻有著進步主義者的論調，Bobbitt（1912: 269）指出：

> 將其應用至教育，此意味著：根據其天分來教育個體。此要求課程材料必須充分多樣化以迎合社區中每一兒童階層的需求，而且訓練和研究的學程必須保有充分的彈性，以便使每一個個體皆能獲得其所需之事物。

除此而外，誠如一般課程學者所指出的，Bobbitt 極為重視行為目標，其以為，「行為不僅是生活的目的同時也是生活的過程，而且同樣是教育的目的與過程。」（1924b: 47）「且記住，人類生活是百分之百的行為，生活即是做事，為使生活能夠豐富，我們必須做許許多多、各式各樣的事，為了人類生活的成功，我們必須合理地做這些事情。」（1934: 261）但是儘管重視行為，Bobbitt 一開始便不是一個僅強調外顯行為的絕

對行爲主義者。Bobbitt（1924b: 51-52）指出：

> 可見的行動只是人之行爲的一部分，就某種意義而言，它不是
> 最基本的部分，其非常類似流水表面的波動。隱藏在一個人之內，那
> 些不可見的、不可觸知的是一個人的精神活動，這些精神活動他覺得
> 是其生活的眞實本質。這些內在的活動伴隨著外在的活動，它們進行
> 引導及指導。……
>
> 有人或許會問，對活動分析者而言，兒童及人的內在或是外在
> 活動，何者較爲重要？我們不必嘗試給予答案，兩者俱爲人類生活的
> 重要部分。

　　但是不久之後，Bobbitt 亦從平等重視內、外在行爲轉向更爲強調內在、主觀的活動。Bobbitt（1969: 44-45）指出：活動分析者或課程編製者較諸客觀、可見的活動，應該更爲關心主觀的活動。雖然他應該關注健康、社會交往、娛樂等各種客觀層面的活動，不過他更應該關注心智觀點、評價、判斷、策劃等客觀活動所由生的內在活動，同時亦不應遺漏個人的美感情緒反應、宗教思維、內心的想望等等心理活動。因此，對 Bobbitt（1937）而言，活動課程所強調之活動的連續性，實包含個體內在生活不可見的連續性。

　　準上以言，筆者認爲 Bobbitt 在課程思想上的確產生轉變，但是其課程思想的轉折並非是一種突然的「斷裂」，而是兩端本已各具砝碼的天平，隨著不同階段兩端砝碼有所增減，以致呈現一升一降的現象。

伍　結論

　　作爲科學化課程編製的代表性人物，Bobbitt 認爲教育應是爲未來成

人生活預做準備。且爲使兒童有效履行未來社會所賦予的角色，Bobbitt 主張透過科學的方法，分析出履行這些職責所須具備的活動及經驗，以作爲課程的目標及內容（Callahan, 1962; Hlebowitsh, 2005; Kliebard, 1975; Seguel, 1966）。但是在中期之後，Bobbitt 卻逐漸修正其早期的課程思想，轉而呈現出進步主義的教育思想成分。就其進步主義的教育思想成分而言，並不偏於放任式的兒童中心教育觀，而是主張教育雖應考慮個別兒童的個性及需要，但是亦應教育他們體認自己所應擔負的職責。

　　儘管對於 Bobbitt 課程思想中的二元性有不同的解釋，但是本文認爲此種二元性自始至終即存在於 Bobbitt 的課程思想之中，只是在前後期中各有所偏重而已。但是探討 Bobbitt 課程思想的轉折，其目的並不在於指出前者是後者非，或者後者是前者非。其意義毋寧像是 Jackson（1975）所言的，並不在其前後期的特定立場之中，而是在於他願意熱切地捍衛其所採取的立場，不過在有了不同的理由及心志之後，他又願意放棄舊有的立場，而重新支持新的立場。易言之，在吾人探討 Bobbitt 課程思想的轉折時，首應注意的反倒不是他提供給我們何種的論點才是正確的，而是在於他獲致此一論點的努力過程。其次，從 Bobbitt 課程思想二元性的探討中吾人亦當體認到，對於課程學者思想的探討應強化其歷史性，此一歷史性體現於課程思想縱斷面與橫斷面的探討。就縱斷面而言，吾人在探討某一課程學者的課程思想時，理應前後相續地對其一生的課程思想進行全面的探討，以便能夠更爲整全地理解其一生課程思想的發展軌跡。就其橫斷面而言，所應重視的是課程思想與其時代脈絡與氛圍的依存關係，時代脈絡與氛圍的改變，可能促使個體對其思想進行反思，對一個熱切追求眞理及願意爲其思想負責之人而言，反思的結果都可能造成其思想的轉變。因此，橫向地考察兩者間的變動關係，亦有助於掌握課程學者的思想變動。

參考文獻

史國雅（1948）。介紹生活課程編製。**教育雜誌，33**（5），42-46。

黃光雄、蔡清田（2015）。**課程發展與設計新論**。臺北：五南。

黃政傑（1991）。**課程設計**。臺北：東華。

楊智穎（2014）。重新理解美國課程史中的社會效率。**教育研究月刊，238**，35-48。

甄曉蘭（2007）。如何編製課程。輯於甄曉蘭主編，**課程經典導讀**（頁19-38）。臺北：學富。

鍾鴻銘（2004）。H. M. Kliebard 的課程史研究及其啟示。**教育研究集刊，50**（1），91-118。

Armstrong, D. G. (2003). *Curriculum today*. Upper Saddle River, NJ: Pearson.

Bobbitt, F. (1912). The elimination of waste in education. *The Elementary School Teacher, XII*(6), 259-271.

Bobbitt, F. (1913). The supervision of city schools: Some general principles of management applied to the problems of city-school systems. In *Twelfth Yearbook of the National Society for the Study of Education. Part I* (pp.7-96). Chicago, IL: University of Chicago Press.

Bobbitt, F. (1914). The school survey: Finding standards of current practice with which to measure one's own school. *The Elementary School Journal, September*, 41-54.

Bobbitt, F. (1915a). *What the schools teach and might teach*. Cleveland, OH: The Survey Committee of the Cleveland Foundation.

Bobbitt, F. (1915b). *The San Antonio public school system: A survey*. San Antonio, TX: The San Antonio School Board.

Bobbitt, J. F. (1915c). High-school costs. *The School Review*, *23*(8), 505-534.

Bobbitt, F. (1917). Summary of the literature in scientific method in the field of curriculum-making. *The Elementary School Journal, November*, 219-240.

Bobbitt, F. (1918a). *The curriculum*. Boston: Houghton Mifflin.

Bobbitt, F. (1918b). The plan of measuring educational efficiency in Bay City. *The Elementary School Journal, January*, 343-356.

Bobbitt, J. F. (1918c). Curriculum situation. In Judd (Ed.), *Survey of the St. Louis public schools, Part 2-The work of the schools* (pp.77-116). Yonkers-on Hudson, NY: World Book.

Bobbitt, J. F. (1921a). A significant tendency in curriculum-making. *The Elementary School Journal*, *21*(8), 607-615.

Bobbitt, J. F. (1921b). The actual objectives of the present-day high school. *The School Review, 29*(4), 256-272.

Bobbitt, F. (1922). *Curriculum- making in Los Angeles*. Chicago, IL: University of Chicago Press.

Bobbitt, F. (1924a). *How to make a curriculum*. Boston, MA: Houghton Mifflin.

Bobbitt, F. (1924b). The new technique of curriculum-making. *The Elementary School Journal*, *25*(1), 45-54.

Bobbitt, F. (1924c). The technique of curriculum-making in arithmetic. *The Elementary School Journal, October*, 127-143.

Bobbitt, F. (1924d). What understanding of human society should education develop? *The Elementary School Journal, December*, 290-301.

Bobbitt, J. F. (1925). Difficulties to be met in local curriculum-making. *The Elementary School Journal*, *25*(9), 653-663.

Bobbitt, F. (1926). Character-building and the new curriculum. *Religious Education*, *21*, 472-476.

Bobbitt, F. (1934). The trend of the activity curriculum. *The Elementary School*

Journal, December, 257-266.

Bobbitt, J. F. (1935). General education in the high school. *The School Review*, *43*(4), 257-267.

Bobbitt, F. (1937). Objectives of education. In H. L. Caswell & D. S. Campbell (Eds.), *Readings in curriculum development* (pp.229-235). New York: American Book Company.

Bobbitt, F. (1941). *The curriculum of modern education*. New York: McGraw-Hill.

Bobbitt, F. (1969). The orientation of the curriculum-making. In G. M. Whipple (Ed.), *The foundations and technique of curriculum-construction, part II. The foundations of curriculum-making. The Twenty-Sixth Yearbook Of The national Society for the Study of Education* (reprinted ed.) (pp.41-55). NY: Arno Press & The New York Times. (Original work published 1927)

Burton, W. H. (1941). Book reviews: The curriculum of modern education. *Harvard Educational Review, XI*(4), 509-510.

Callahan, R. E. (1962). *Education and the cult of efficiency*. Chicago, IL: University of Chicago Press.

Dewey, J. (1916). *Democracy and education*. New York: Macmillan.

DeWulf, B. G. (1962). *The educational idea of John Franklin Bobbitt* (unpublished doctoral dissertation). Washington University, St. Louis, MO.

Eisner, E. W. (1967). Franklin Bobbitt and the "science" of curriculum making. *The School Review, 75*(1), 29-47.

Everett, S. (1941). Principles to guide curriculum-makers. *The Elementary School Journal, June,* 793-795.

Hlebowitsh, P. S. (2005). Generational ideas in curriculum: A historical triangulation. *Curriculum Inquiry, 35*(1), 73-87.

Hunkins, F. P. (1976). Bobbitt's principle. In O. L. Davis (Ed.), *Perspectives on curriculum development 1776-1976* (pp.134-136). Washington, DC:

Association for Supervision and Curriculum Development.

Jackson, P. W. (1975). Notes on the aging of Franklin Bobbitt. *The Elementary School Journal, 75ᵗʰ Anniversary Issue*, 119-133.

Jackson, P. W. (1992). Conceptions of curriculum and curriculum specialists. In P. Jackson (Ed.), *Handbook of research on curriculum* (pp.3-40). New York: Macmillan.

Johnson, R. I. (1926). Activity analysis in curriculum-making. J*ournal of Educational Research, 13*(3), 208-215.

Kliebard, H. M. (1968). The curriculum field in retrospect. In P. W. F. Witt (Ed.), *Technology and the curriculum* (pp.69-84). New York: Teachers College Press.

Kliebard, H. M. (1971). Bureaucracy and curriculum theory. In V. F. Haubrich (Ed.), *Freedom, bureaucracy, and schooling* (pp.74-93). Washington, DC: ASCD.

Kliebard, H. M. (1975). The rise of scientific curriculum making and its aftermath. *Curriculum Theory Network, 5*(1), 27-38.

Kliebard, H. M. (2004). *The struggle for the American curriculum, 1893-1958* (3ʳᵈ ed.). New York: RoutledgeFalmer.

Marsden, W. E. (2000). Historical approaches to curriculum study. In R. Lowe (Ed.), *History of education: Major themes*, vols.3 (pp.3-39). London: RoutledgeFalmer.

McNeil, J. D. (2015). Contemporary curriculum: In thought and action (8ᵗʰ ed.). Hoboken, NJ: Wiley.

Null, J. W. (1999). Efficiency jettisoned: Unacknowledged changes in the curriculum thought of John Franklin Bobbitt. *Journal of Curriculum and Supervision, 15*(1), 35-42.

Null, J. W. (2002). Who meant what with social efficiency? Several different conceptions of a narrowly understood tern. American *Educational History*

Journal, 29, 80-88.

Null, J. W. (2004). Social efficiency splintered: Multiple meanings instead of the hegemony of one. *Journal of Curriculum and Supervision*, *19*(2), 99-124.

Null, J. W. (2010). Curriculum, the. In C. A. Kridel (Ed.), *Encyclopedia of Curriculum Study* (pp.188-189). Los Angeles: SAGE.

Null, J. W. (2011). *Curriculum: From theory to practice*. Lanham, MD: Rowman & Littlefield.

Paraskeva, J. M. (2011). *Conflicts in curriculum theory: Challenging hegemonic epistemologies*. New York, NY: Palgrave Macmillan.

Pinar, W. F., Reynolds, W. M., Slattery, P., & Taubman, P. M. (1995). *Understanding curriculum: An introduction to the study of historical and contemporary curriculum discourses*. New York: Peter Lang.

Scheideman, J. W. (2004). *Bobbitt's window: Understanding turning points in reflective curriculum history and unmuffling reflective voice in adult learning: Doubt and identity* (unpublished doctoral dissertation). Depaul University, Chicago, IL.

Schubert, W. H., Schubert, A. L. L., Thomas, T. P., & Carroll, W. M. (2002). *Curriculum books: The first hundred years*. New York: Macmillan.

Seguel, M. L. (1966). *The curriculum field: Its formative years*. New York: Teachers College Press.

Smiley, F. M. (1992). *'Indoctrinations', 'survey and curriculum science', and 'transitional philosophy': A three-stage reassessment of Franklin Bobbitt* (unpublished doctoral dissertation). Oklahoma State University, Stillwater, OK.

第七章 W．W．Charters課程理論探究：兼論 Charters 與 Bobbitt 課程理論的異同

鍾鴻銘

 摘要

本文旨在透過課程史研究中的「巨匠研究進路」，也就是探究課程史上的重大課程思想家的思想及其影響，探討 Charters 的課程理論，並對其課程理論進行解析與批判。分析的資料包含 Charters 本人的著作，與探究其課程思想的二手資料。本文首先概述 Charters 的生平。其次則是從教育工程學、課程建構程序與功能分析法三個面向，解析 Charters 課程理論的重要內涵。其後根據 Charters 課程理論的特徵，比較其與 Bobbitt 課程理論之異同。最後則是闡述 Charters 對課程研究的貢獻，及其課程理論的缺陷。

關鍵詞 Charters、課程建構、課程編製、功能分析、教育工程學

壹 前言

在課程研究領域，W. W. Charters 之名往往與課程之父 F. Bobbitt 並舉，此乃因兩人不僅同屬科學化課程編製的開拓者，同時亦是第一代的課程理論家，是以，在二十世紀初課程成為專業研究領域之時，兩人堪稱是「課程專家的原型」（the prototypes of the curriculum specialist）（Kliebard, 1975, p.27）。Bobbitt 的學術生涯以 1918 年為界，在此之前，Bobbitt 是個教育行政學者，1918 年《課程》（*The Curriculum*）專著發表之後，Bobbitt 的學術生涯轉以課程為中心。Charters 對課程的關注則稍晚於 Bobbitt。1919 年 Charters 於匹茲堡（Pittsburg）的卡內基技術研究院（Carnegie Institute of Technology）銷售訓練研究局（Research Bureau for Retail Training）擔任主任時，才開始成為活動分析的積極倡導者及實踐者（Seguel, 1966, p.93）。

Bobbitt 雖因課程之父之名，而長期為課程史學者所提及，但對形成期的課程研究領域而言，誠如曾繁鑫（1937，頁 1）在介紹 Charters 的課程編製理論時所指出，「巴比特雖為社會本位派之前驅，而對課程編製理論之貢獻，猶有遜於查特士。」1918 年 Bobbitt 以《課程》專著開闢課程專業研究領域，1923 年 Charters 則是以《課程建構》（*Curriculum Construction*）一書，提出功能分析法以回應 Bobbitt 活動分析法的課程編製主張。《課程建構》是 Charters 最重要的課程著作，此一著作堪稱「為 Bobbitt 的活動分析提供理論基礎」（Schubert, 1986, p.76）。事實上，Charters 的興趣頗為廣泛，Seeger（1953, p.52）即曾指出：

> 初次審視 Charters 著作的書目，給人一種其興趣既寬又廣的感覺。第二次審視則使人了解，有持續不報的索線在維繫其整體的架構。這些索線乃織布的經線與緯線。其中最主要者是課程建構、品

格教育、工作分析、男童的閱讀興趣、婦女教育、銷售術、性格特質，以及教育工程學（educational engineering）。彼等一次又一次地出現，且形成許多其他興趣與探究的基礎。

Charters 1875 年出生於加拿大安大略省（Ontario）的哈特佛（Hartford）地區。Charters 在鄉下的小學接受啟蒙教育，畢業後，Charters 於哈格斯維爾中學（Hagersville High School）繼續接受中等教育。哈格斯維爾中學畢業後，Charters 曾至多倫多的馬克麥斯特大學（McMaster University）就讀。馬克麥斯特大學是屬於浸信會（Baptist）的教育機構，Charters 之所以選擇就讀此一學校，應是受其宗教信仰的影響。一年後，Charters 休學至洛克佛公立學校（Rockford Public School）擔任教師。兩年後，Charters 重返馬克麥斯特大學完成未竟之學業。1899 年自安大略師範學院（Ontario Normal College）取得教學文憑。1901 年 Charters 進入芝加哥大學（University of Chicago）追求更高的學歷，並且分別於 1903 年與 1904 年獲得芝加哥大學（Chicago of University）授予碩士學位與哲學博士學位，其指導教授為美國知名教育學者 J. Dewey，研究領域在於歷史科的教學方法（Russell, 1980）。除了在加拿大公立學校擔任三年教師及校長外，Charters 的教學生涯皆在美國度過。1909 年 Charters 出版其第一本著作《教學的方法》（*Methods of Teaching*），此書是將 Dewey 的教育思想與赫爾巴特主義者的教育思想加以融合下的產物。得力於此書的出版，至 1910 年之時，Charters 已升為教學理論的教授，同時擔任教育學院的院長。同一職缺，Charters 待至 1917 年。其後 Charters 轉至伊利諾大學（University of Illinois）任職。

由於興趣至為廣泛，Charters 對課程研究、視聽教育等領域皆產生重要影響。就課程研究而言，「Charters 的課程建構法影響一代的課程學者，包含 George S. Counts、Ralph W. Tyler 與 Hilda Taba。」（Wraga, 2002, p.264）Charters 喜歡稱自己為「課程工程師」，也就是其所做的工作乃是

將教育及心理學理論轉化成有效的教學實踐（Tyler, 1953, p.42）。Charters
勤於研究與寫作，故發表的著作頗豐，其中最具代表性者當屬 1923 年
出版的《課程建構》一書。此書甫出版，Bobbitt（1923, p.787）即曾對該
書進行書評，並且讚許 Charters「總結過去數十年眾多探究的結果，且以
系統化的形式呈現課程探究的理論與技術」。同年，Charters（1923b）亦
曾針對 Bobbitt 出版的《洛杉磯高中課程》（*The Los Angeles High-School
Curriculum*）進行書評。陳啟天（1924a，1924b）亦於《課程建構》問世
後不久摘取該書重點並加以翻譯，並讚譽此書「敘述扼要而詳盡，實為
教育上不可多得的名著」（1924a，頁 1）。此外，曾繁鑫（1937，頁 1）
亦曾指出：「查氏之《課程編製》（*Curriculum Construction*）一書，出版
於 1923 年元月，當年四月五月即有再版，以後續加翻印。真有『洛陽紙
貴』，不脛而走之概。」晚近吳美娟（2007）亦曾為文探討 Charters 的《課
程建構》一書。但上述諸文皆聚焦於《課程建構》一書。除了參考《課
程建構》一書外，本文亦嘗試透過 Charters 的其他著作及研究 Charters 的
二手資料，希望能更為整全地理解 Charters 的課程理論。本文首先闡述
Charters 課程理論的重要內涵，其次則是根據 Charters 課程理論的重要特
徵辨析其與 Bobbitt 課程理論的重要差異。最後則是探討 Charters 對課程
研究的重要貢獻，及其理論的缺失。在分析與批判其課程理論時，筆者依
循的是再概念化學派的學術資產，對其課程理論進行解析與批判。

貳 Charters 的課程理論

與 Bobbitt 一樣，Charters 同樣受到時代氛圍的影響，將課程建構視為
某種工程學。其次，由於將課程建構視同一套技術程序，故 Charters 對課
程建構的程序有其特定的見解。再者，深受功能論的影響，Charters 極為
重視各種事物或制度所當履行的功能。將此一概念套用至課程建構，對課

程的功能進行分析，乃其課程理論的核心概念，亦是課程建構程序的最重要部分。以下分別從教育工程學、課程建構程序與功能分析三個面向，解析 Charters 的課程理論。

一、教育工程學

　　Bobbitt（1924a）在其《如何編製課程》（*How to Make a Curriculum*）一書中，曾將課程編製者類比爲教育工程師。而 Charters 對教育工程學的探討亦不遑多讓，終其一生 Charters 皆以教育工程師自詡。其課程建構法堪稱是其教育工程學於課程領域的體現。故 Charters 復可稱爲課程工程師。對 Charters 而言，「活動分析可界定爲教育工程學的形態，其爲所有課程奠定基礎與建立骨幹架構。」（Woelfel, 1933, p.108）何謂教育工程師？Charters（1951, p.233）以爲：「任何人想要睿智地建立有效的履行方法者，即是教育工程師。睿智地建立，意味著界定目標、設計、建立、運作與測量效率。」是故，教育工程師不僅需將教育理念付諸實踐，而且必須是有效地實踐，因爲「有效利用是工程師的驕傲」（Charters, 1945, p.33）。與教育工程師相對的是理念人（idea man）。何謂理念人？Charters（1945, p.30）指出：「理念人，……，通常對賦予其理念以具體形態，不具高度興趣。理念人假定自己販售理念，便有人會將其理念付諸實踐。典型的理念人並非工程師。」易言之，理念人是推銷理念的人，但理念人往往並不知道其理念是好是壞，因爲他並未將其理念付諸實踐。對 Charters 而言，教育哲學家即屬於理念人，課程編製者則是將其理念轉爲實際的課程工程師。Charters 指出：

　　　　哲學家決定教育目標，工程師發展出達成目標的方法。一般而言，哲學家對使其理念於局部的情境中運作的方法，並不太感興趣。另一方面，工程師並不關心教育哲學，他等待理論家完成其理念

再將其付諸行動。他將其心志投入發明方法，以便使可行的理論得以運作。……。在學院中，理論家發展為年輕人生活所準備之學院教育的理念，工程師則醉心於發展學生能實際為其生活而準備的方法。理念人對做什麼有興趣，工程師則對如何做有興趣。理論家是反思者，工程師則是行動者。（in Russell, 1980, p.93）

就重要性而言，工程師並不亞於於理念人。Charters（1951, p.232）指出，

> 作為一種心智的活動，理念的掌握固然重要，但在教育過程中，它並不保有優先地位。此一優先地位應賦予兒童行為的改變。社會與國家所支持之教育的社會功能乃是培育年輕人，使其成為具有豐富個人生活的良善公民。此（教育）專業的效能並非測量其理念而得，而是依其履行服務時，實際之運作狀況而定。

Charters（1945）認為作為一種專業，工程師具有兩種特性，其一是受過理論的專業訓練，其二是對社會大眾具有責任感。後者對教育專業尤為重要，因為一般工程師處理的是事物，但教育工程師處理的是人。Charters（1948）認為二十世紀上半葉為教育理念人的年代，但下半葉將會是教育工程師的年代。由於 Charters 極力提倡教育及課程工程學，所以 Tyler（1953, p.42）才會指稱：「Charters 先生指稱自己為『課程工程師』，因而強調其興趣在於將教育及心理學理論，轉譯成有效的教學實踐。」

二、課程建構的程序

對於課程的建構，Charters（1923a, p.102）曾提出七項原則作為參考，茲說明如下：

(一) 透過研究處於社會情境中之人的生活，決定教育的主要目標。

(二) 將目標分析成理想及活動，並繼續分析至工作單元的層次。

(三) 依重要性的高低安排其順序。

(四) 將表中對兒童具有較高價值，但對成人具有較低價值的理想及活動，提升至較高序位。

(五) 在淘汰那些最好能在校外學習的項目之後，決定表列中能在學校教育所安排的時間中加以處理之最重要的事項。

(六) 蒐集種族在處理這些理想及活動上，最佳的實務性作法。

(七) 根據兒童的心理特性安排這些材料，以便取得適當的教學順序。

在上述七道原則或程序中，前二者尤為重要。Charters 認為目的的變革先於課程的變革，也就是在發展課程之時，應先確立課程所要達成的目的。是以，Charters 指出：「吾人教育目的觀的改變總是先於課程的改變。」（1923a, p.5）「宗旨先於課程，……，課程的基本變革，唯有在教育宗旨的基本變動被揭露之後方能發生。……。是以，教育宗旨的選擇與利用必須先於課程的建構。」（1921a, p.321）不過 Charters（1924a, p.221）亦指出：「功能分析是一種探究的方法而非一種教育哲學。……。哲學家訂定宗旨，而分析家僅提供將此宗旨轉變成課程條目的技術。」易言之，教育目的的決定，非屬課程建構者的工作，課程建構者僅是對達成教育目的的課程進行功能分析，以決定何種活動與材料應成為課程內容。Charters 認為從課程目的到課程理想與活動，應有邏輯上的一致性與關聯性，也就是將目的轉譯成理想時，此理想的陳述應與活動緊密關聯。吾人無法從以往的教育家如 Plato、J. A. Comenius 等人的教育宗旨，推導出學科材料，即因彼等未曾論證，彼等所提出的理想與哪些具體的教學活動有所關聯。也就是，

　　課程作者雖以目的之陳述作為開始，但卻沒有人能夠從其目的的陳述中，邏輯地推導出課程。在每一事例中，其從目的到教材進行

任意的心理跳躍，未能提供我們諸如嫁接此一間隙的原則——未能提
出引領我們從目的到材料之選擇的步驟。（Charters, 1923a, pp.6-7）

故 Charters（1923a, p.11）指出：

> 我們可以說，爲了決定課程的內容，教育的目的必須以理想及
> 活動的觀點加以陳述。當目的僅以理想加以陳述，在陳述之目的及表
> 面上從此陳述推導出的課程間總是有間隙。相反地，當活動是在沒有
> 支配它們的理想的狀況下加以陳述，則沒有選擇履行這些活動之適當
> 方法的手段。

在泰勒原理（Tyler rationale）中，課程發展的首要工作是決定目標，
且依據目標選擇學習經驗。Charters 的課程建構亦具有類似的理念，也就
是「任何主題在課程中所應扮演的功能，在最後的分析中，應由主要的目
標與相對的重要性所決定」（Charters, 1923a, p.118）。課程目的決定後，
便是將其分析成理想與活動，而且「理想的發展是學校最重要的任務」
（Charters, 1924b, p.264）。但是理想僅是構成課程的要素之一，課程的另
一構成要素是活動。Charters（1921b, p.228）指出：「爲決定課程的內容，
吾人不僅需知道理想，同時亦需知道所要履行的活動。教育的目標本質上
是根據某些理想而履行某些活動。」由於對功能概念的重視，Charters 亦
是從功能的觀點，看待理想與活動間的關聯性。Charters（1926a, p.212）認
爲：「從社會的觀點而言，理想的首要功能是提供活動執行的標準。」是
故吾人可謂，在 Charters 的課程理論中，理想不僅與活動共同構成課程，
同時亦是檢視教學活動的標準。Charter（1926a）認爲將理想併入課程的方
法有二，其一爲直接法，其二爲間接法。兩者的差異在於前者將理想當作
課程編製時的首要考量。後者則是將資訊與活動當作首要考量，而理想僅
是次要考量。

　　此外，表面看來，Charters 的課程建構程序缺乏泰勒原理中的評鑑概念，但依 Charters 的教育工程學概念，教育工程學的首要工作是界定目標，其次是建立達成目標的結構，再者則是操作或運作這些結構，最後則是評鑑結果（Johnson, 1953, p.237）。所以「他堅持評鑑是教育工程過程中的一項重要步驟」（Johnson, 1953, p.239）。故 Charters 雖未將評鑑納入課程建構過程的一個環節，但是並不代表他並不重視課程評鑑的工作。

　　在《課程建構》一書發表之後，Charters（1924a, pp.219-220）復於〈功能分析即課程建構的基礎〉（Functional analysis as the basis for curriculum construction）一文中提出 AIPRTE 一詞，用以指稱構成課程的單元。所謂的 AIPRTE 指的是每一種課程活動（A）皆爲某種理想（I）所控制，也就是不管此理想是高是低，履行活動的方法皆是由踐履者的精確、純淨、心胸開闊、謙恭有禮所決定。或言之，課程活動之履行與人（P）有關。當一種活動爲適當的理想所控制，且將彼等之履行與人產生連結之後，便可運用推理（R）設計出適當方法，以便履行這些活動。在完成活動設計後，便可利用某些技術（T）加以實現。最後，在履行各種行動或活動之時，會含藏有某種情緒或情感的要素（E）在內，這些情緒或情感的要素，構成活動得以履行的某種氛圍。這些情緒的品質能影響行動的經驗，甚或可能是生活滿意度的重要元素。

　　Charters 指出，一般教師在實施課程時只考慮二種元素，即活動（A）的元素與技術（T）的元素，亦即僅是要求學生履行活動，但是在此過程中教師忽視行爲的效率，乃依理想、思維與學生，以及學生的情緒反應而定，上述任一因素皆可能助長亦可能破壞學習情境的有效性。故 Charters 的課程建構理論重視的絕非只是學生的外顯行爲而已，而是包含情感與認知因素。是故，對 Charters 而言，課程活動非僅需考量外顯行爲的面向，個人內在的心理面向亦是需加考量的重點。此正如 Charters（1922, p.360）所言：「活動分析是對個體所履行之心理的及身體的活動的分析。以廣寬的意義來加以使用，活動不僅包含人們所做的，同時亦包含其所思、所

感，或者所欲。」

此外，Charters 亦曾以基督教宗教教育爲例，解析課程建構的方法。Charters（1926b）認爲課程編製的程序首先應是界定基督教的目標，其次是決定所欲教授之基督教的理想。復次則是決定學生所欲接觸的情境。再者則是幫助學生實踐合宜之基督徒的行爲舉止。而此又是透過從聖經中尋找各種資材而達成，這些資材有助於學生在特定生活情境中做出睿智的決定，或是增益基督徒生活的豐富性。此五步驟，Charters 將其歸諸目標、特質、情境、行爲、資訊五個標題之下。

總而言之，依 Charters 之意，課程編製首先應確定教育目標，而後由課程專家進行功能分析，以便從教育目標解析出各種課程條目。其後則依其重要性排定順序，最後再依心理學決定教學的順序與方法。其中，課程的功能分析尤爲重要。以下嘗試解析 Charters 功能分析的概念。

三、*Charters* 的功能分析法

1909 年出版之《教學的方法》是 Charters 首部出版的書籍，其副標題則爲「發展自功能觀點」。在此書的序言中，Charters（1909, p.3）開宗明義指出：

> 在這本著作中，教學問題所據以討論的觀點是一種功能的觀點。其假定所有的學科材料皆是種族爲滿足需求與解決問題而加以建立並保存的，而學校則是將這些滿足最基本需求的學科材料教導給學生。

是故，「本書的主題是呼籲將學校的課程建立在功能的基礎之上」（Russell, 1980, p.14）。事實上，終其一生功能概念皆是 Charters 教育學術的核心概念，就課程編製而言，亦是如此。Guynn（1982, p.63）即曾直

言：「對 Charters 而言，功能控制課程編製的走向。」也就是說，Charters（1924a）主張學科的結構會隨著其功能而有所不同，學科的內容亦會隨著其用途的不同而有所殊異。此外，Kent（1984, p.136）在其研究科學化課程編製的博士論文中亦曾謂：「Charters 抱持教育的功能理論，且將功能活動的分析置諸課程建構理論的核心。」是故，Charters 所提倡的課程堪稱是一種功能性課程，也就是課程編製者應重視課程活動與材料所應履行的功能。對於課程活動與內容的分析，Charters 曾提出諸多不同的分析方法，例如工作分析、特質分析、困難分析、活動分析等，但因功能是其課程理論的核心概念，進行各種課程分析時，各種課程元素所應履行的功能監控著整個分析的過程，故有學者使用功能分析一詞，當作 Charters 諸多分析法的一種統稱（Guynn, 1982; Kent, 1984）。在各種課程分析中，工作分析是較早提及的方法，同時亦是其他學者較常言及的方法。

　　所謂工作分析並非 Charters 所始創，而是模仿 F. Taylor 等人於工業領域的創新作法。Charters 著墨於課程領域應是始自 1919 年，其被任命為匹茲堡地區卡內基技術學院內的銷售訓練研究局主任乙職開始。在擔任此一職務期間，Charters 大部分的時間皆用於從事許多成人職業的工作分析（Seguel, 1966）。在《課程建構》一書中，Charters（1923a）曾提及工作分析的方法至少有四種：

(一) 內省法：適用於個體已熟悉之工作時採用的方法。

(二) 訪談法：訪談者要求個體表列出其工作上職責之所在。在訪談人員記下並打字完稿後，再交由幾位工作者個別進行校正。之後將校正的結果整理成綜合檔。

(三) 現場工作（working on the job）：此種方法的好處是調查人員缺乏相關知識，在並未慣性成習的情況下，能比老手更仔細地分析工作的內容。但缺點是過於耗時。

(四) 問卷調查：此方法只能取得初步的列表，故僅適用於極端的特殊事例，一般事例並不建議採用。

在《課程建構》一書出版後不久，Johnson（1926）即曾爲文探討之，他認爲在上述四種方法外，另可增加一種方法，即詳細的觀察或參觀法。但依 Johnson 之意，活動分析應屬一般活動的分析，而工作分析則屬特定活動的分析，與人類的勞動或職業較具關聯性。由於工作分析一詞具有限制性的意涵。故 Charters 認爲使用功能分析一詞或許更爲妥切。Charters（1924a, p.214）指出：

> 工作分析是個帶有原初氣味的字詞。它從工業領域擷取而來，在工業領域，工作是操作的單元。此詞被相當鬆散地使用著，將其應用至普通教育領域，它不僅包括手工操作，甚至包括活動、職責、問題、困難與思考。工作分析的功能是決定當個體在履行任務時，要實現何種活動。……
>
> 作爲一種課程建構的方法，它清楚認定課程的功能是爲有效地履行、行動與行爲提供材料。分析的方法並不新穎，採取課程建構功能觀的分析者，全心全意地將分析應用至其所研究的情境。工作分析因其帶有限制的意涵，故功能分析是個更好的名稱。

事實上，Charters 在其著作中談及的分析涉及頗爲廣泛。Guynn（1982）在其博士論文中，將 Charters 所論及的分析法統稱爲功能相關的分析。依其解析，共有八種的功能分析方法，分別是理想分析、資訊分析、運用與錯誤分析（use and error analysis）、活動分析、特質分析、工作分析、職責分析（duty analysis）、困難度分析。Charters（1923a, pp.23-24）指出，功能分析主要在於闡明與揭露結構的各個組成部分，與其所要履行的功能間的邏輯關係。功能分析與結構分析有所不同，結構分析僅是分析結構的各個組成部分，但卻不說明其功能。而功能分析則要求在結構分析之後，分析各組成部分所要履行的功能及彼此間的關係。因此，功能亦是一種標準，它能決定各組成部分對整體結構的價值。Charters 認爲，

將此一觀念應用至課程的建構，有三項工作是不可或缺的。其一即是建立目標，其二則是選擇課程項目，再者便是在選擇的過程中不斷根據目標，評價每一個課程項目。易言之，在進行課程建構時，「功能成為何者應含括，與何者應排除的控制元素」（Charters, 1923a, p.84）。

總而言之，深受 Dewey 實用主義的影響，Charters 亦頗重視課程知識與活動的功能或實用性，其課程理論的核心觀念「結構追隨功能」（structure follows function）的觀點，即是受到 Dewey 的啟發，Charters 甚至自認為是 Dewey 哲學的工程師（Kirschner, 1965）。質言之，Charters 的課程建構法旨在尋求建立課程目標與手段間的實用關係。或者說，任何的課程內容、手段與方法皆應具備實用性或功能性，也就是應有助於課程目標或宗旨的達成（Russell, 1980）。以課程中的知識而言，Charters（1923a, p.6）以為：「脫離其功能而加以思考，則資訊便不具價值。」對其而言，「課程乃系統性地立基於分析的功能而非傳統之上」（Charters, 1945, p.32）。是故，課程功能的分析便成為課程建構的核心工作。前曾言及，Charters 極力主張課程學者應成為課程工程師，對其而言，課程工程師應以實現課程的功能為己任，因為對其而言，「工程師是一建立者，他建立結構以實現功能」（Charters, 1945, p.34）。

參　Charters 與 Bobbitt 課程理論異同之辨析

同屬科學化課程編製的倡導者，Bobbitt 和 Charters 的課程研究取向有諸多的雷同之處。首先，除了同歸屬科學化課程編製運動之一員外，兩人亦皆具社會效率傾向。其次，兩人皆對新的心理測驗及實驗的心理學理論頗感興趣。再者，兩人皆有意將教育的過程加以效率化與現代化。最後，兩人的課程理論皆強調以社會活動為中心，對知識進行再組織（Stone, 1985, pp.273-274）。此外，Kliebard（1979, p.212）亦認為 Charters

與 Bobbitt 具有如下的共同主張：其一，課程的終點不再以模糊的或是總
體的詞彙描述，而是事先用精確的字詞進行陳述；其二，這些結果是以小
的工作單元加以表述，而且每一單元都有明確的達成標準；其三，達成這
些單元的手段，皆應以效率的規準進行判斷，也就是削減所有浪費的動
作，達成事先界定的結果。事實上，Bobbitt 與 Charters 之所以同為科學化
課程編製的提倡者，應與時代氛圍具有關聯性。Kliebard（1975, pp.27-28）
即曾指出：

> Bobbitt 與 Charters 生活於幸運的年代，作為課程基礎的心
> 靈訓練說，至二十世紀初業已壽終正寢。美國赫爾巴特主義
> （Herbartianism）明亮的火焰，雖一度掌握教育世界的想像力，卻已
> 然閃爍不定。時代需要契合的教育意識形態，而科學化課程編製則是
> 再適合不過。其論點夾帶著對精確性與客觀性的承諾，具有直接的
> 吸引力。誠然，將科學以科學管理的形式應用至商業獲得成功的同
> 時，沒有理由說，無法將科學原理應用至教育。應用科學的總體觀
> 念，以及科學管理的特殊模式，事實上明顯貫穿於 Bobbitt 與 Charters
> 的作為之中。

除了科學化課程編製的主張之外，Bobbitt 與 Charters 亦皆反對社會重
建論者將教育視同改造社會重要工具的主張。對於學校應否致力於社會的
改造，Bobbitt（1969, p.54）曾有過如下的主張：

> 學校不是社會改革的單位，它並不直接關心改進社會。其責任
> 在於幫助成長中的個體，持續且一致地持有一種對其而言最為實際可
> 行的人類生活形態。

在 Charters 提出課程建構的方法之後，亦有學者質疑此方法將使學生

在面對未來的問題時束手無策。對此一批評，Charters（1929）的回應是，讓教師直接向學生提出現時問題的最佳解決方案是可行的。一如 Charters 主張的共識法，其亦認為某些領域專家專業判斷之共識，即是社會問題的最佳解決方案，甚至在某些量化領域裡，吾人更容易取得較為客觀的判斷，以資作為問題的最佳方案，並將其直接傳授給學生。由此足見，Bobbitt 與 Charters 二人皆不欲將社會問題當作課程內容，並引導學生自行探究，以嘗試提出解決方案。儘管兩人的課理論有諸多雷同之處，但是 Charters 的課程理論仍有其重要特徵，足已與 Bobbitt 的課程理論做出區辨，以下說明之。

一、對「理想」的強調

Bobbitt（1924b, p.49）曾謂：「教育是生活的準備，且生活是一系列的活動。是以，教育是履行這些活動的準備。揭露構成人生活的活動，吾人便可確立教育之目標。」在教育目的上，Charters 同樣採行生活預備說的觀點，Charters 指出：「社會有權要求學校應教育其下一代，以準備有效率地履行其社會工作。」（in Schiro, 1978, p.106）但對 Charters 而言，單有活動並不能構成課程，因為對其而言，「課程是從理想及活動兩者中推導而出」（Charters, 1921a, p.324）。易言之，對於課程的編製，Charters 認為必須同時兼及理想和活動，且兩者缺一不可。職是之故，對於「理想」的強調，構成 Bobbitt 和 Charters 兩者間的重大差別，此亦為部分課程學者所指明。例如 McNeil（2006, p.313）即認為，儘管 Charters 與 Bobbitt 都是科學化課程編製的倡導者，較諸 Bobbitt，Charters 更為重視理想及系統化知識在課程編製過程中的重要性。出於對理想的重視，Charters（1924b, 1925a, 1925b, 1925c）曾有多篇文章探討理想的教學，甚至出版專書探討理想的教學（趙廷為，1928；Charters, 1928a）。此外，在〈活動分析在課程建構中的運用〉（The use of activity analysis in curriculum

construction）一文中，Charters（1928b）將教育陣營劃分爲右派、左派與
折衷派。右派重視書本知識的傳授，左派重視教學內容應源自現時生活
問題、活動與有趣的事物；折衷派則兼取兩者之長。Charters 認爲活動分
析法恰恰適合折衷派編製課程之用。因爲它不僅重視課程內容的實際應用
性，同時亦重視課程內容在教學層面與心理層面的組織。

即以社會效率爲例，Charters（1923a, p.52）認爲：「社會效率作爲目
標，假使吾人將其看成『社會理想』與『社會活動』，即能輕易加以分
析。」故如將社會效率當作課程目標，Charters（1921a, p.325）認爲，首應
決定的是具有社會效率之個體的理想；其次，據此理想，決定人民所應表
現出之基本的身體與心理活動；再者，經過細部分析以便發現該教導哪些
重要的特殊活動，以及應由哪些理想來控制這些活動的履行。

二、功能分析的應用範圍

Bobbitt 和 Charters 兩人雖同樣倡導活動分析或功能分析以作爲課程編
製的基礎，但兩人對分析的作用範圍仍有差異。首先，Bobbitt 認爲課程
的目標可以透過科學分析法加以分析，但是 Charters 則是認爲功能分析法
僅是一種探究的方法而非一種教育哲學。是以，整個課程建構的程序，首
先應是由教育哲學家陳述教育的宗旨，而後再由課程分析家透過科學的技
術將其以課程目標的形式加以陳述（Deegan, 1989）。易言之，就 Bobbitt
（1924b, p.49）而言，「活動分析，……，發現教育目與教育過程二者，
或是就其他觀點而言，課程目標與課程本身。」易言之，就 Bobbitt 的觀
點，活動分析既可發現課程目標亦可發現課程活動本身。但是就 Charters
（1924a, p.221）的觀點而言，「功能分析是一種探究的方法而非一種教育
哲學。……。哲學家訂定宗旨，而分析家僅提供將此宗旨轉變成課程條目
的技術。」是以，就 Charters 觀來，課程編製的活動應包含教育哲學家與
功能分析者兩種人的工作在內。

　　其次，儘管 Charters 關注哲學在界定課程目標時的角色，但如純就功能分析而言，Charters 的功能分析更為細緻，Charters 所談及的分析至為廣泛，包含序列性活動與非序列性活動分析、困難分析、總體分析、細節分析、特質分析等。職是之故，Fallace（2015, pp.88-89）指出：「較諸 Bobbitt，Charters 的方法更為技術與功利取向。」再者，則是兩人關懷的重點有所不同。在哲學傾向上，Charters 受到 Dewey 較大的影響，是以，Pagano（1999, p.98）認為，儘管 Charters 確實與 Bobbitt 一樣，提出類似活動分析法的課程主張，

　　　　但是其分析的焦點與意圖是十分不同的。Charters 的取向始終忠於 Dewey 對兒童興趣及兒童的哲學關懷，事實上，在 Dewey 於芝加哥大學之時，他曾於門下學習。Charters 始終維持對知識結構的關心，而 Bobbitt 關心的則是發現成人功能運作的成分。

三、從教學的觀點出發構思課程

　　就探究的出發點而言，出生於課程研究尚未萌芽的年代，因此 Bobbitt 與 Charters 皆是中途於其他教育領域橫跨至課程領域，而涉足課程領域的原因亦有所不同。以 Bobbitt 為例，其原屬教育行政領域，因受科學管理觀的影響，認為教育工作亦不應有無謂的浪費現象，因此其主要從行政管理的角度來探討課程的發展。一般雖以 Bobbitt《課程》專著的出版，視為課程研究的歷史起源點。但是就課程史學者 Kliebard（2004, p.83）觀來，1912 年 Bobbitt〈削除教育中的浪費〉（The elimination of waste in education）一文的發表，「其作為一課程領導者的生涯已經啟動」。此文即是從教育行政的角度探討課程問題，而且是從行政效率的角度探討課程問題。職是之故，對 Bobbitt 而言，「行政上的需要力迫著學校使課程系

統化」（李子純，1936，頁 1）。但是 Charters（1909, 1913, 1918; Charters & Waples, 1929）原屬師範教育工作者，其專長原在教學方法領域，他是因關心如何改進教學方法而跨足課程領域。此恰如 DeWulf（1962, p.320）所言：「Bobbitt 從行政的觀點設計其方案，而 Charters 則是從教學的立場掌握其理念。」而 Seguel（1966: 94）亦曾指出：「不似 Bobbitt 透過改進教育管理而對課程產生興趣，Charters 乃透過教學的改進，因而對課程產生興趣。」在教育哲學上，Charters 深受其師 Dewey 實用主義的影響。曾繁鑫（1937，頁 1）即曾指出：「查特士之教育哲學為功利主義或實用主義，以實用價值決定教育之目的，以實用目的決定教育之內容，更以實用興趣，決定學習之趨向。」Pagano（1999）亦認為 Charters 的知識觀頗受 Dewey 的影響，對 Charters 而言，知識實際上就是方法，而方法實際上便是知識。也就是說，對其而言，「所有的課程內容皆是方法性的。任何所教授之物或所發現之物，皆為一種方法。」（Charters, 1923a, p.74）

從教學的觀點出發，Charters（1923a）認為課程組織的四項重要元素是理想、內容、活動與教育原理。理想、內容、活動構成課程的材料，但是學生如何掌握這些理想、內容與活動，則與教育原理有關，而且這些教育原理又影響教師所採取的教學方法。是以，就 Charters 觀來，教學方法應該引導課程內容的安排，而此亦為課程建構的特殊功能。易言之，對 Charters 而言，各學科的教師應是依據各種教學原理，教導某種理想、活動與事實，也就是課程。

總之，Bobbitt 認為課程編製以決定課程活動為主，而課程活動不僅是課程內容亦是課程目標。而 Charters 認為課程編製包含決定課程理想與課程活動。課程理想與課程活動是透過分析教育目標而得。Charters（1909, p.17）甚至經常使用更為抽象與一般性的教育宗旨一詞，認為：「教育的宗旨是幫助學生鑑賞及控制生活的價值。」他進一步指出，生活的價值意指那些覺得「有價值」的事物，欲加臚列並不可能，但其最重要者在陳述教育宗旨時或已提及，例如：社會效率、公民資質、文化、維持生計、獲

得知識，以及道德，此皆為生活之價值。對 Charters 而言，教育目標及宗旨的決定係屬教育哲學家的工作，非功能分析者所能替代。最後，Bobbitt 主要從行政管理的角度思考課程，而 Charters 則是從教學的角度出發，故更為重視課程的心理組織。

肆　Charters 課程研究的貢獻與批判

一、Charters 課程研究的貢獻

終其一生，Charters 對教育領域具有如下的貢獻：從護理學校以迄研究所及專業訓練的課程建立都具有貢獻；對動畫、廣播、百貨公司的效率、品格教育進行研究；使教育工程學的概念成為教育思考的重要內涵；在二次世界大戰期間領導戰爭人力訓練計畫；將功能的觀點應用至圖書館人員、牙醫師、護理師、藥劑師、教師、祕書、牧師等人員的課程發展工作；編輯或寫作對教育具有深度影響的著作，並因此對數以百萬計兒童、青少年及成年人產生影響（Johnson, 1953, p.236）。Charters 對課程研究的最大貢獻在於使課程成為一專門研究領域，故 Charters 對課程成為一專門研究領域亦具有開疆闢土之功（黃政傑，1991）。同樣作為科學化課程編製的倡導者，Bobbitt 和 Charters 的影響是深遠的。Ornstein 和 Hunkins（1998, p.86）即認為兩人有如下的影響：發展出課程編製的原則，此包含目的、目標、需求、學習經驗等；強調行為目標的使用；引進由需求評估推導出目標，以及應對目標及活動進行分析及確認此等觀念；強調課程編製不僅是處理學科教材等事，且課程專家不盡然須是某一學科的專家，反而應是方法與過程的專業人士。最後，Bobbitt 與 Charters 在芝加哥大學執教之時，R. Tyler 適為研究生，且為 Charters 的研究助理，兩人行為目標的觀念影響及於 Tyler，這為泰勒原理的提出奠定了基礎。此恰如 Tyrrell

（1970, p.91）所言，Tyler 的課程原理，乃「建立在 Franklin Bobbitt 與 W. W. Charters 所奠定的基礎之上」[1]。除了建立課程理論之外，Charters 的另一長才是知人善任。其子小 Charters 即曾指出，其父親視其個人最大的專業資產是判斷人的能力。其女婿 Ralph M. Lyon 亦曾指出：

> Charters 博士最大的貢獻並非其所發展之理論，亦非其所寫之著作，而是其對年輕人的影響。他慎選成員而後幫助每一個人發展其潛能。今日美國教育的許多領導者，皆是作為其「孩子」開啟其生涯。（in Rosenstock, 1983, p.222）

Tyler 首度與 Charters 共事是在 1926 年秋天，當時 Tyler 以統計技術人員的身分加入 Charters 所主持的「全國師資訓練研究」（Commonwealth Teacher Training Study）的研究計畫。此一研究計畫是希望藉由蒐集及分析教師的活動，以便解析出師資培育課程的內容及目標（Tyler, 1953）。Charters 對後進多所提攜與鼓勵，Tyler 曾跟隨其工作多年，在 Charters 的鼓勵下，亦加入多項重要研究工作，乃至最後有課程聖經《課程與教學的基本原理》（*Basic Principles of Curriculum and Instruction*）的出現。影響 Tyler 課程思想的因素頗多，Charters 亦是重要影響源之一（Ponder & Massey, 2011）。Tyler 參與八年研究的經驗對其成為課程評鑑之父有諸多貢獻。八年研究的成員主要來自師範學院、芝加哥大學與俄亥俄州立大學。八年研究欲進行之時，Tyler 尚在俄亥俄州立大學就讀，對於是

---

[1] Tyler的行為目標較1960年代能力本位運動所倡導的行為目標意義更為寬廣，例如在〈行為目標之父批判他們：訪談Ralph Tyler〉（The father of behavioral objectives criticizes them: An interview with Ralph Tyler）（Fishbein & Tyler, 1973）一文中，Tyler即曾指出：「『行為』此詞包含人們所履行之各種的回應，包含思想、情感與行動。我並非如同行為主義學派所使用的方式來使用此詞。彼等僅將此詞限制在可觀察的外顯行動，且將眾多的人類行為排除在外，它們是主觀上的經驗但卻不能為其他人所直接觀察到。」（p.55）

否參與尚有疑慮，但 Charters 鼓勵 Tyler 邊就學邊投入八年研究的工作（Rosenstock, 1983）。1952 年 Charters 謝世後，包含 Tyler 在內的一些教育界人士紛紛爲文追思之（Dale, 1953; Johnson, 1953; Seeger, 1953; Tyler, 1953; Waple, 1953）。

二、*Charters* 課程理論的批判

　　儘管 Charters 對於使課程成爲一專門研究領域有重大貢獻，但是其課程理論仍存在一定的侷限。首先是重方法而輕內容。就 Charters 的課程理論言之，其謂課程不僅包含理想與活動二者，同時又包含實現理想與活動之方法，是以，對其而言，課程即方法（curriculum as method）（曾繁鑫，1937）。但是由於著重於從教學的角度構思課程，主張以教育學理控制課程的理想、活動與內容，以致輕忽教材內容的邏輯組織。Charters 的恩師 Dewey（1902）曾於《兒童與課程》（*The Child and the Curriculum*）一書中言及，課程的安排有兩個側重點。其一爲重視教材的邏輯或論理組織，另一則爲兒童的心理組織。在課程組織上，兩者應加兼顧。但顯然地，Charters 的課程建構論雖有慮及兒童的心理因素，但對於學科的論理組織卻未多所顧及。其次，Charters 對功能分析所能應用的範圍過於樂觀。再者，Charters 課程理論所經常遭遇到的批評是僅在維護社會現狀，忽視教育的社會改造功能。蓋活動分析、工作分析或功能分析法，強調的是社會需求與實際可利用性的社會哲學（Congleton, 1964），故強調的是學生未來如何適應社會而非改造社會。易言之，Charters 的課程建構理論只著眼於現時各種實務性工作，很容易將現時的實務性工作合理化，反倒忽視了改進實務工作的可能性。如就批判教育學的角度言之，「科學化課程編製窄化了課程，使其從屬於商業精英的需求，且最終強化了不平等與不民主的社會。」（Fallace, 2015, p.83）事實上，1920 年代當 Charters 與 Bobbitt 提倡科學化課程編製時，著名的教育哲學家 B. Bode（1924）即曾

提出類似批評。除了指出行為目標的不當外，Bode 認為運用科學方法分析教育目標，可能會在非人性化決定事實與科學客觀性的偽裝下，夾藏個人的偏見或偏好。由此而生的可能結果是維護社會的既有傳統與現狀。

伍 結論

本文嘗試從教育工程學、課程建構程序與功能分析等三個面向，解析 Charters 的課程理論，且嘗試將其與 Bobbitt 的課程理論作一比較。首先，對 Charters 而言，所謂的教育工程學指的是將各種教育理念有效地轉化成各種教育實務，職是之故，課程工程師即是將各種課程理念有效地轉化為各種課程實際的課程工作者。終其一生，Charters 皆以成為課程工程師為己任。其次，就 Charters 觀來，課程建構的程序應是始於課程宗旨與目標的確立。目標確立之後，即應根據目標樹立課程的理想與安排達成目標的課程活動，而且課程理想應是履行活動的標準。其後再依據心理學原理，決定課程的內容順序與教學方法。再者，就課程的功能分析而言，其指的是任何的課程皆有其欲實現的功能，課程工作者理應對課程的功能詳加分析。課程所欲履行的功能一旦確立之後，課程功能即應時時監控著整個課程建構的過程。對其而言，課程工程師的責任即在建立課程結構以履行課程的功能。功能分析包含理想分析、工作分析、職責分析、困難度分析等各種分析，它實為 Charters 課程理論的核心概念。

作為科學化課程編製的代表人物，Charters 與 Bobbitt 一樣，皆以工作分析法或活動分析法而著稱。兩人率皆重視社會活動的分析與再組織，把教育工作視同一種教育工程學。其次，兩人同樣重視社會效率，也就是重視學生如何有效履行其未來社會生活所應扮演的角色與職責。兩人的課程理論堪稱為日後的行為目標運動與能力本位運動奠定基礎。兩人雖同被推崇為科學化課程編製的創始者，且為課程研究走向專業化的嚆矢，但亦同

被質疑過度重視行為目標而忽視其他的教育面向。兩人的科學化課程編製法雖被稱為工作分析或活動分析，但 Charters 則更為喜愛功能分析一詞。

　　儘管 Charters 與 Bobbitt 兩人的課程理論有諸多雷同之處，但亦有其殊異之處。首先，Charters 除重視課程的具體分析之外，亦重視抽象的課程理想。其次，Bobbitt 認為活動分析可同時發現課程的目標與課程的內容。但 Charters 認為課程目標之決定當屬教育哲學家的工作範疇，而課程分析者的工作則是如何將目標轉化成課程理想與具體的課程活動或內容。再者，由於原初專長領域的不同，Bobbitt 主要從教育行政的角度構思課程，而 Charters 則是從教學的角度思考課程，且受 Dewey 實用主義知識觀的影響，甚為重視課程組織與兒童學習心理間的契合性。相對於 Bobbitt 的影響力較偏限於課程領域，Charters 影響力甚且及於藥學教育、女性教育、師資培訓等領域（孟憲承，1925；Charters, 1921b, 1927；Russell, 1980），且因 Charters 很早便關注視聽媒體在教育上的應用，因而使其成為視聽教育的先驅（Dale, 1953, 1970）。

　　課程成為專門研究領域迄今恰逾百年，Charters 與 Bobbitt 二氏對課程研究有其獨特的貢獻，亦有其豐富的課程研究遺產足供吾人檢視。但如同各種哲學思潮是時代的反映一般，課程思潮亦為時代的反映。當時代已然變遷，且後續的課程學者亦不斷指陳科學化課程編製的某些缺失，作為課程研究草創期的重要理論，Charters 等人的科學化課程編製理論。在課程史上的重要意義仍應受到緬懷與重視。

參考文獻

李子純譯（1936）。F. Bobbitt 著，1934 年出版。活動課程之趨勢。**開封實驗教育，1**（3-4），223-230。

吳美娟（2007）。課程建構。輯於甄曉蘭主編，**課程經典導讀**（頁 1-18）。臺北：學富。

孟憲承（1925）。查特斯論編製師範課程的原理。**教育雜誌，17**（3），1-2。

陳啟天譯（1924a）。W. W. Charters 著。編製課程的程序。**中華教育界，13**（10），1-12。

陳啟天譯（1924b）。W. W. Charters 著。編製課程的程序（續）。**中華教育界，13**（11），1-16。

曾繁鑫（1937）。查特士課程編製之理論。**哲學與教育，5**（2），1-10。

黃政傑（1991）。**課程設計**。臺北：東華。

趙廷爲（1928）。理想教學法。**教育雜誌，20**（8），1-3。

Bobbitt, F. (1918). *The curriculum*. Boston, MA: Houghton Mifflin.

Bobbitt, F. (1923). Reviews and book notes-The technique of curriculum-making. *Elementary School Journal, June,* 787-788.

Bobbitt, F. (1924a). *How to make a curriculum*. Boston, MA: Houghton Mifflin.

Bobbitt, F. (1924b). The new technique of curriculum-making. *Elementary School Journal, 25*(1), 45-54.

Bobbitt, F. (1969). The orientation of the curriculum-making. In G. M. Whipple (Ed.), *The foundations and technique of curriculum-construction, part II. The foundations of curriculum-making* (pp.41-55). New York, NY: Arno Press & The New York Times. (Original work published 1927)

Bode, B. (1924). Why educational objectives? *Journal of Educational Research, X*(3), 175-180.

Charters, W. W. (1909). *Methods of teaching: Developed from a functional standpoint*. Chicago, IL: Row, Peterson and Co.

Charters, W. W. (1913). *Teaching the common branches: A textbook for teachers of rural and graded schools*. Boston, MA: Houghton Mifflin.

Charters, W. W. (1918). Preliminary observation of teaching. *Pedagogical Seminary, 25,* 245-250.

Charters, W. W. (1921a). Educational aims, ideals, and activities. *Journal of Educational Research, 3*(5), 321-25.

Charters, W. W. (1921b). The reorganization of women's education. *Educational Review, 62,* 224-231.

Charters, W. W. (1922). Activity analysis and curriculum construction. *Journal of Educational Research, 5*(5), 357-367.

Charters, W. W. (1923a). *Curriculum construction*. New York, NY: Macmillan.

Charters, W. W. (1923b). The Los Angeles high-school curriculum. *School Review, 31*(2), 95-103.

Charters, W. W. (1924a). Functional analysis as the basis for curriculum construction. *Journal of Educational Research, 10*(3), 214-221.

Charters, W. W. (1924b). Five factors in the teaching of ideals. *Elementary School Journal, 25*(4), 264-276.

Charters, W. W. (1925a). Direct and indirect methods of teaching ideals. *Elementary School Journal, 25*(5), 358-369.

Charters, W. W. (1925b). Ideals, situations, and trait Actions, I. *Elementary School Journal, 25*(6), 424-436.

Charters, W. W. (1925c). Ideals, situations, and trait Actions, II. *Elementary School Journal, 25*(7), 507-517.

Charters, W. W. (1926a). The function of ideals in the high-school curriculum. *NASSP Bulletin, 10*, 212-218.

Charters, W. W. (1926b). Principles of curriculum making. *Religious Education, 21*, 581-583.

Charters, W. W. (1927). A technique for the construction of a teacher-training curriculum. *Journal of Educational Research, 15*(3), 176-180.

Charters, W. W. (1928a). *The teaching of ideals*. New York, NY: Macmillan.

Charters, W. W. (1928b). The use of activity analysis in curriculum construction. *Educational Research Bulletin, 7*(16), 339-342, 355-356.

Charters, W. W. (1929). The curriculum and the future. *Journal of Educational Research, 19*(2), 141-142.

Charters, W. W. (1945). Is there a field of educational engineering? *Educational Research Bulletin, 24*(2), 29-37, 56.

Charters, W. W. (1948). Idea man and engineers in education. *Educational Forum, 12*(4), 399-406.

Charters, W. W. (1951). The era of the educational engineer. *Educational Research Bulletin, 30*(9), 230-237, 246.

Charters, W. W., & Waples, D. (1929). *The Commonwealth teacher-training study*. Chicago, IL: The University of Chicago Press.

Congleton, J. W., Jr. (1964). Three decades of social trends and their influence on the high school curriculum. *High School Journal, 48*(1), 18-24.

Dale, E. (1953). The student of curriculum problems. *Educational Research Bulletin, 32*(2), 37-41.

Dale, E. (1970). Associations with W. W. Charters. *Theory Into Practice, 9*(2), 116-118.

Deegan, P. A. (1989). *Professionalism in the curriculum field* (Unpublished doctoral dissertation). Stanford University, California.

Dewey, J. (1902). *The child and the curriculum*. Chicago, IL: The University of Chicago Press.

DeWulf, B. G. (1962). *The educational ideas of John Franklin Bobbitt* (Unpublished doctoral dissertation). University of Chicago, Illinois.

Fallace, T. (2015). The rise and fall of scientific curriculum movement in the social studies, 1916-1929. *The Social Studies, 106*, 83-91.

Fishbein, J. M., & Tyler, R. (1973). The father of behavioral objectives criticizes them: An interview with Ralph Tyler. *The Phi Delta Kappan, 55*(1), 55-57.

Guynn, S. J. (1982). *Function-related methods of task analysis for curriculum making in writings of W. W. Charters, Sr.* (Unpublished doctoral dissertation). Indiana University, Indiana.

Johnson, R. I. (1926). Activity analysis in curriculum-making. *Journal of Educational Research, 13*(3), 208-215.

Johnson, B. L. (1953). Werrett Wallace Charters. *Journal of Higher Education, 24*(5), 236-240, 281.

Kent, J. D. (1984). *The scientific curriculum making theory as a conservative progressive reform in an age of progressivism, 1914-1926* (Unpublished doctoral dissertation). Boston University, Massachusetts

Kirschner, J. (1965). *Education as technology: Functional analysis in the writings of W. W. Charters, 1904-1925* (Unpublished doctoral dissertation). Rutgers-the University, New Jersey.

Kliebard, H. M. (1975). The rise of scientific curriculum making and its aftermath. *Curriculum Theory Network, 5*(1), 27-38.

Kliebard, H. M. (1979). Systematic curriculum development, 1890-1959. In J. Schaffarzick & G. Sykes (Eds.), *Values conflicts and curriculum issues: Lessons from research and experience* (pp.197-236). Berkeley, CA: McCutchan.

Kliebard, H. M. (2004). *The struggle for the American curriculum, 1893-1958* (3rd ed.). New York, NY: RoutledgeFalmer.

McNeil, J. D. (2006). *Contemporary curriculum in thought and action* (5th ed.). Hoboken, NJ: J. Wiley & Sons

Ornstein, A. C., & Hunkins, F. P. (1998). *Curriculum: Foundations, principles, and issues* (3rd ed.). Boston, MA: Allyn & Bacon.

Pagano, J. A. (1999). The curriculum field: Emergence of a discipline. In W. F. Pinar (Ed.), *Contemporary curriculum discourses: Twenty years of JCT* (pp.82-105). New York, NY: Peter Lang.

Ponder, G., & Massey, D. (2011). Nothing so uncommon: Ralph W. Tyler and his defining perspective. In M. L. Kysilka (Ed.), *Critical times in curriculum thought: Pelple, politics, and perspectives* (pp.51-66). Charlotte, NC: IAP.

Rosenstock, S. A. (1983). *The educational contributions of W(errett) W(alace) Charters* (Unpublished doctoral dissertation). Ohio State University, Ohio.

Russell, J. C. (1980). *Werrett Wallace Charters, Sr. (1875-1952): His life, career and influence upon pharmaceutical education* (Unpublished doctoral dissertation). Loyola University, Illinois.

Schiro, M. (1978). *Curriculum for better schools: The great ideological debate.* Englewood Cliffs, NJ: Educational Technology Publications

Schubert, W. H. (1986). *Curriculum: Perspective, paradigm, and possibility.* New York, NY: Macmillan.

Seeger, R. E. (1953). The writer. *Educational Research Bulletin, 32*(2), 52-55.

Seguel, M. L. (1966). *The curriculum field: Its formative years.* New York, NY: Teachers College Press.

Stone, M. K. (1985). *Ralph W. Tyler's principles of curriculum, instruction and evaluation: Past influences and present effects* (Unpublished doctoral dissertation). Loyola University, Illinois.

Tyler, R. W. (1953). The leader of major educational projects. *Educational Research Bulletin, 32*(2), 42-52.

Tyrrell, R. W. (1970). *Ralph W. Tyler's influence on the field of curriculum.* (Unpublished doctoral dissertation). Case Western Reserve University, Ohio.

Waples, D. (1953). The man and the educator. *Educational Research Bulletin, 32*(2), 29-36.

Woelfel, N. (1933). *Molders of the American mind: A critical review of the social attitudes of seventeen leaders in American education.* New York, NY: Columbia University Press.

Wraga, W. G. (2002). Charters, W. W. In J. W. Guthrie (Ed.), *The encyclopedia of Education* (2nd ed.) (pp.263-265). New York, NY: Macmillan.

第八章 Bobbitt 與美國課程史中的社會效率論

楊智穎

摘要

　　綜觀美國整個二十世紀課程領域的發展，社會效率論可說是相當普遍採用的一個重要課程詞彙，然綜觀相關研究文獻，論述觀點則偏向 Bobbitt 在二十世紀初期的論述觀點。基於多元歷史理解的角度，本研究先探討 Bobbitt 的社會效率論，接下來透過蒐集和以往不同詮釋觀點的研究文獻進行分析，其目的並不在取代當前普遍採用的論述觀點，而是在彰顯課程史研究的多元理解特質，並提供另類分析社會效率論的取徑。

關鍵詞 社會效率、社會控制、課程史

壹 緒論

綜觀整個美國二十世紀課程發展的歷史，社會效率論（social efficiency）可說是一個相當普遍採用的課程詞彙，目前除了國外的文獻會以它作爲探究對象，國內也開始出現一些研究文獻（白亦方，1999；吳裕聖，2005）。分析該學說之所以會成爲課程史研究中的一個重要概念，主要在於課程界普遍將課程領域的誕生視爲和社會效率論有關（Kliebard, 2004; Pinar et al., 1995），包括國內黃政傑（1991）於其所著的《課程設計》一書中，在第一章論及影響「課程」成爲專門研究領域的科學化課程理論時，也提及社會效率論，認爲其是導致二十世紀前半葉的課程界將關注焦點放在與課程編製有關之原理原則的重要影響因素。

然關於社會效率論的眾多論述，相關文獻是否已呈現該學說的完整面貌，則是本研究認爲要再加以質疑的地方，主要在於有關社會效率論多以 Bobbitt 的觀點爲主軸。其實歷史是一種重構物，是史學家與史料間互動所形成的（杜維運，2008），研究者可能依據某些理論上的假定或個人的觀點而採取某些取徑，從事某些面向的探索，提出某些解釋，並獲得某些歷史視野（林麗雲，2000）；加上歷史的書寫必然包含選擇與詮釋，在對一個不具連貫性的過去，嘗試去呈現一個具連貫性，無可避免會失眞，同時會使得每一份歷史作品都不完美，都只是具暫時性和部分性（Himmelfarb, 1997），也因此新的歷史見解便常會因爲學術的客觀性而不斷被揭示（Tanner & Tanner, 1990），難怪 Seddon（1989）會認爲，課程史研究的目的之一，即在質疑歷史中被視爲理所當然的論點。根據上述，在對社會效率論的內涵進行探討時，不能只集中針對 Bobbitt 的觀點，同時對社會效率論的歷史樣貌重新再加以檢視，也有其必要性。

基本上，關於社會效率論所進行的歷史研究，可將其歸類爲是一種課程觀念史或思想史的研究，目前針對此一議題的研究，學者已逐漸轉向重

視對過去重要的課程學說或概念進行另類的或多元的歷史詮釋（Chung & Walsh, 2000; Hlebowitsh, 1992; Kliebard, 2004; Null, 1999），國內受到此一西方學術思潮的影響，也開始有一些學者嘗試採用此一研究取向進行相關議題的探究，包括重新探討 Tyler 原理（宋明娟，2007；黃金森，2007；黃俊儒，2005）和 Schwab 的課程歷史定位（黃繼仁，2005），以及分析社會重建主義的意義與內涵（陳麗華、李涵鈺，2005）。至於針對社會效率論所進行的相關研究，雖不乏研究文獻，但論述觀點仍過度單一化。近年西方已有學者嘗試提出不同的論述觀點，例如 Null（2004）在對社會效率論進行多元歷史理解時即指出，在美國教育史的進步時代（progressive era）脈絡中，社會效率論的概念其實是意指不同個體在針對不同事物時，希冀藉由對該名詞的使用尋求達成不同的目的，然國內目前對於社會效率論所做的研究，仍欠缺此一分析視角。

　　回顧課程史研究之各種議題的發展，針對某些課程學說或概念進行探究者，早在 1960 年代課程史研究的萌發初期便已受到重視，特別是針對一些具重要的課程運動或具相同意向的課程團體，如科學化課程運動或社會重建論（Kliebard & Franklin, 1983），只不過當時的研究取向仍偏向視這些課程理論爲一個獨立整體；直至 1990 年代之後，受到後現代和後結構等學術思潮的影響，相關的課程歷史詮釋才轉變爲不只偏限爲是一種實用的技術（practical art），或只關注於程序方面的問題，更在不斷增加之觀點的理解（understanding）（Ponder, 1976）。

　　本研究基於上述論述基礎，先探討 Bobbitt 的社會效率論，接下來透過蒐集和以往不同詮釋觀點的研究文獻進行分析，其目的並不在取代當前普遍採用的論述觀點，而是在彰顯課程史研究的多元理解特質，進而提供另一種詮釋社會效率論的觀點。

貳　分析觀點與研究方法

　　英國史學家 Carr 對於「什麼是歷史？」，曾給予這樣的答案，他認為「歷史是歷史家和事實之間不斷交互作用的過程，『現在』和『過去』之間無終止的對話」（王任光譯，1968），本研究認為 Carr 的論點適合作為對特定課程學說或概念進行分析時的參考。其實任何時期之課程學說或概念的形塑，通常和當時期史家所持的價值觀，或主流學術思潮有關，因此在進行歷史詮釋的過程中，必然會導致某些課程成分被遺忘或被不當的解讀，加上許多史家為了便於記憶與解釋，也常會將某個時代貼上某些刻板印象的標籤，或採用特定的分析模式，強加在某些歷史素材上，這種歷史解釋有時會掩蓋重要的逆流，或扭曲重要事件和貢獻，其解釋結果通常具問題性（Tanner & Tanner, 1990）。為避免犯了上述課程史研究的弊病，本研究採用多元的課程論述史觀，同時將所要探討的論述觀點置於其所處的社會文化脈絡中進行分析。

　　在研究方法方面，本研究採文獻分析和歷史研究法。其中，文獻資料分析的來源係以 Bagley、Kliebard、Null、Ravitch，以及 Tanner 和 Tanner 等學者針對社會效率論所進行的研究文獻為主（Bagley, 1905; Kliebard, 2004; Krug, 1964; Null, 2004; Pinar et al., 1995; Ravitch, 2000; Tanner & Tanner, 1990）。至於歷史研究法，則會先探討以 Bobbitt 為中心的社會效率論述，其次針對 Tanner 和 Tanner，以及 Null 對社會效率論的論述主張進行分析。最後再綜述上述研究結果，提出對課程觀念史或思想史研究的啟示。

參　以 Bobbitt 為中心的社會效率論述

　　本部分旨在探討以 Bobbitt 為中心的社會效率論述。回顧多數學者在

分析該論述的源起時，普遍會認爲其和美國二十世紀初期的社會變遷有關，包括都市化和工業化的快速發展、企業的擴張、歐洲移民潮的加劇、政治的腐敗、種族的歧視、財富不平均等問題（白亦方，1999；Kliebard, 1992, 2004；Krug, 1964）；另一個歷史因素，則企圖在解決當時學校教育的弊病，特別是強調以心靈訓練（mental discipline）和官能心理學（faculty psychology）爲主的傳統人文主義思潮（humanistic studies）。在此一歷史情境下，形塑社會效率論的學理內涵則是當時期各種學術思潮和觀點的混合。首先是 Thorndike 和各種實驗心理學的研究，此部分主要提供社會效率論在心理學方面的證據（Pinar et al., 1995）。其中，Thorndike 所開創的心理測量概念和團體智量表，不僅提供按照科學效率精神將學生予以分類的方法，同時也爲各學科的重要性做了排序（白亦方，1999）。

　　另一個學理依據則是來自科學管理之父 Taylor 的主張。1911 年 Taylor 發表了《科學管理的原則》一書，該論著的理論是以「生產」和「效率」爲至上，透過此一理論，提供社會效率論在方法論上的指導，包括強調要細分所要完成的任務，管理者必須提供所需完成任務的每個細節的詳細指導，至於生產目標及達到這些目標的手段也要予以闡明。當時的課程學家即運用此觀念來設計和傳遞課程內容（黃政傑，1991；Pinar et al., 1995）。

　　此外，十九世紀英國學者 Spencer 的思想也具有一定的影響力，受到科學運動興起和達爾文演化論的影響，促使 Spencer 在提出「何種知識最有價值？」的問題時，企圖透過科學去取代人文學科，加上「生存」是演化的關鍵，使得該要素成爲當時判斷學校科目是否具價值性的優先指標（Kliebard, 2004），此一觀點在二十世紀初期受到許多進步教育論者的青睞，其中也包括社會效率論者，如 Snedden（Ravitch, 2000）。

　　至於社會效率論的重要代表人物，包括 Kliebard、Ravitch、Schubert 和 Pinar 等課程學者，多聚焦在 Bobbitt、Snedden 和 Charter 等人身上。其中，Kliebard 更認爲 Bobbitt 讓社會效率的精神在教育領域中發揮到極致，沒有一個效率—心理的教育者能夠超越 Bobbitt，而彰顯其社會效率意涵

的重要論著，則爲其於 1918 年所著的《課程》（*The Curriculum*）和 1924 年的著作《如何編製課程》（*How to make a curriculum*），特別是 1918 年所著的《課程》一書，更讓社會效率論作爲一種課程理論的現象達到巔峰（Kliebard, 2004）。分析 Bobbitt 課程思想的核心內涵，其主要視學校是成人社會的準備，同時重視課程設計中任務分析（task analysis）的概念，以及主張要在學校中加強職業訓練。

另一個主張社會效率論的重要學者則爲 Snedden，例如 Ravitch 便曾將 Snedden 描繪爲是社會效率運動中具領導地位的代表人物（Ravitch, 2000）。其實 Snedden 在任職加州學校教師和主管時，即被視爲教育社會學領域的創建者。他認爲公共教育應教給年輕人與農業、商業、工業和家庭管理等有關的知識，也就是學校應安排職業效率課程，兒童則應接受適合他們未來角色的教育，而不是教導一些傳統的學術性課程和普通教育（Ravitch, 2000）。

目前課程界若欲對社會效率論有所認識，普遍會採用 Kliebard 的詮釋觀點。就 Kliebard 的分析理路，其會認爲社會效率論是美國二十世紀初所提出之「社會穩定」（social stability）的承諾，其主要包括兩個成分，其一是社會控制，另一個則是效率（Kliebard, 1998）。在此所謂的「效率」，有一個相當重要的任務，即在爲特定個體設計課程計畫，讓他們能爲了扮演社會秩序中的成人角色而做準備，也因此社會實用（social utility）便成爲課程設計的最高準則。至於另一個「社會控制」成分，Kliebard 認爲主要受 Ross《社會控制》一書的影響，該成分也同時被其他學者認爲是課程形成之初所蘊藏的意識形態，其功能旨在維持中等階級的價值、道德和態度（Apple & Franklin, 1979; Franklin, 1986），這樣的思維更常被後續許多課程學者所採用。對 Kliebard 而言，負面的批評相對較多，例如 Kliebard 便曾指出社會效率論是一種粗糙的個人主義（rugged individualism）、社會控制和科學管理（Kliebard , 2004）。

至於與 Kliebard 論述觀點相似的另一學者則爲 Ravitch，其在 2000 年

所著的《回到過去：學校改革論戰的世紀》（*Left back: A Century of Battles over School Reform*）一書中，曾對社會效率有相當多的探究。Ravitch 也認為社會效率論的興起和當時的社會背景有關，包括十九世紀初期主流的教育氛圍係拒絕毫無希望的保守和反抗，及當時一些教育工作者的信念，普遍認為受過良好教育的個體能夠變成有責任的公民（Ravitch, 2000）。此外，Ravitch 對社會效率論的評論和 Kliebard 相似，皆持負面的評論。

肆　社會效率論的其他論述

　　分析國內大部分課程史研究文獻對於社會效率論的描繪，多會直接與職業主義和社會控制相聯結，同時偏向賦予其負面的歷史定位，本研究認為產生此種現象的原因，其實和國內學者所引用的文獻多侷限於特定學者有關，特別是 Kliebard、Franklin 等人的研究，加上批判的對象又多環繞在 Bobbitt、Charter 和 Snedden 等學者的主張，受到這些學者所持之價值觀的影響，使得美國課程史中的社會效率論偏向呈現某一特定的歷史樣貌。

　　事實上，Krug 在其 1964 年所著的《1880-1920 年間美國高中的形成》（*The Shaping of the American High School, 1880-1920*）一書中便曾指出，社會效率論所指涉的意涵並不只侷限於 Bobbitt 和 Snedden 等人的論述，這些論述狹隘的將課程視為只是為了訓練學生，是在為其未來的職業而做準備。Krug 認為許多教育學者對於社會效率論所主張之學校應賦予何種社會任務，看法並不相同。他指出至少存在兩種形成二十世紀社會效率論的社會任務，分別是社會控制或社會服務。至於社會效率論所指涉的意涵為何，則端賴個體是採用何種意義注入此一名詞中而定（Krug, 1964），只不過在 Krug 後續的論著，對社會控制的關注仍多於社會服務（Null, 2004）。

根據上述，爲了對美國課程史中的各種社會效率論進行更爲多元的理解，以下茲以 Tanner 和 Tanner，以及 Null 對社會效率論所進行的相關研究文獻作爲主要的分析依據，再配合其他相關被提及學者的著作進行補充。

一、D. Tanner 和 L. Tanner：對社會效率和社會控制賦予新義

關於 Tanner 和 Tanner 二氏對社會效率論的分析，兩位學者主要先針對多數課程史文獻賦予社會效率論的狹隘界定提出批判，例如認爲許多文獻會將社會效率論貶抑的解釋爲是個體服從於工業系統和統治階層的權威，他們還特別舉 Krug 的論述觀點爲例進行說明，認爲 Krug 把社會效率論和社會控制都視爲是對個體壓制的學說，並進一步和 1918 年的《中等教育原則報告》（*Cardinal Principles Report*）連結在一起，因而導致後續一些課程史著作因遵循 Krug 對社會效率論所做的描繪，而造成某種歷史詮釋的曲解，更使得社會效率論常被認定爲令人厭惡的學說。此外，Krug 還將《中等教育原則報告》詮釋爲是一個違背常情的文件，此舉除提升社會效率論狹隘和限制的一面，同時無視報告中反覆強調的反對孤立和歧視，並繼續把「課程分化」詮釋爲透過區分不同社會和經濟背景學生來發揮服務「社會效率」的功能（Tanner & Tanner, 1990）。爲賦予「社會效率—社會控制」新的歷史意涵，Tanner 和 Tanner 特別參考 Ross 和 Dewey 的論點進行辯解。

首先，就 Ross 的觀點，Ross 認爲社會控制其實同時具備兩個面向，其中一個面向是舊金字塔社會的傳統面向，堅持的是一種過時的課程，強迫學生服從現狀。另一面向則是爲了民主社會所需之進步觀點和社會機會的思想協調面向。Ross 認爲社會控制仍有必要存在，只不過它不是如舊

社會一樣，是經由某種權威或說教去強加某些固定的原則，在現代的民主
社會中，社會控制是要被賦予新的意義，即透過普及教育形成社會洞察力
和明智自我指導的能力（Tanner & Tanner, 1990）。

　　至於對 Dewey 而言，社會效率和社會控制同樣具備兩種面向，其一
為服從（subordination）和強制（imposition）的傳統面向，另一則是透
過擴展機會到所有人之利用（utilization）的進步面向（Tanner & Tanner,
1990）。Dewey 係反對前者所闡述的社會效率，認為其錯誤在於採取服從
的策略去確保效率，而非透過利用；因為社會效率不是透過消極的壓制來
達成，而是積極地透過天生個人能力的利用，去從事具社會意義的職業
（Dewey, 1916）。

　　除了對 Ross 和 Dewey 論點的分析，Tanner 和 Tanner（1990）也指出，
社會效率論其實還包括一些更為不同與廣泛的意義詮釋。在經濟方面的意
義，其係指能在經濟社會中運用明智的選擇找到適合自己的位置；在政治
方面的意義，則係指於能夠堅定參與政治的過程和日常生活的法制運作；
至於在社會心理方面的意義，則係指能夠完成個性的發展，認識到個性的
唯一獨特性對於一個民主社會的健康發展是必要的。

二、J. Wesley Null：提供多元的歷史理解

　　本研究中第二個要分析的是 Null 對社會效率論所提出的論述觀點。
基於多元理解的歷史詮釋觀點，Null 認為美國二十年紀初期的社會效率論
不可能只存在一種簡單的界定，在不同的歷史脈絡中必然會呈現不一樣的
意義內涵，而為了對美國課程史中所存在的社會效率論進行更為完整的理
解，Null 一方面反思社會效率論普遍慣用的意義與假設，例如多數人常會
使用這個名詞去陳述一個好的課程應該促進一個具和諧、良好功能和平衡
社會的形成（Null, 2010）；另一方面，Null 則透過相關文獻的蒐集，進

一步探討在不同歷史脈絡中相關學者對社會效率論所提出的論述主張。

　　Null 歸納二十世紀初期的數十年間，主要存在三種不同的社會效率論。第一種是源自 Snedden 和 Bobbitt 的論點，此一論點即為傳統以來被大多數人所界定的社會效率論，如同前述所言，持此一論點的學者主要視社會效率論為一種職業主義和社會控制，第二種是在 Bagley 作品中所界定的社會效率。第三種則是 Dewey 所提出的社會效率論。為了對這三種社會效率論進行更深入的探討，本研究參考 Null 的研究發現，將這三種社會效率的主張及主要代表人物呈現如圖 8-1。此外，考量 Snedden 和 Bobbitt 的論述觀點已在前面進行探討，因此以下僅針對 Bagley 和 Dewey 所持的社會效率論述觀點進行分析。

　　首先，關於 Bagley 對社會效率論的主張，主要呈現在 1905 年所著的《教育的過程》（*The Educative Process*），以及 1911 年所著的《教育的價值》（*Educational Values*）兩本論著中。Bagley 主要透過「社會效率」一詞，探討其對整個道德教育的看法（Null, 2010），相關的立論觀點除了擴充 Herbart 的道德哲學，並參考一些進步教育學者的論點，特別是 Dewey 和 O'Shea 的著作[1]，將「社會效率」界定為是學生道德行為的發展。除此之外，Bagley 基於反對極端的個人主義，他還使用「社會效率—社會服務」一詞，藉此希望學生能學習貢獻於社會改革。對 Bagley 而言，「社會效率」可視為是一種社會服務或社會和諧（Null, 2004）。

　　分析 Bagley 和前述的 Snedden 雖同處於同一時代，但對社會效率論的看法卻不盡完全相同，特別在社會效率和職業效率間的差異，我們可從兩位學者於 1914 年「國家教育協會」（National Education Association）年會中，一個名為「介於博雅教育和職業教育間之基本特性」（The fundamental distinction between liberal and vocational education）會議場次

---

[1] Dewey 的著作主要為 1899 年所著的《學校和社會》，至於 O'Shea 的著作則為 1903 年所著的《教育和適應》。

```
                    ┌─────────────────┐
                    │  社會效率論的觀點  │
                    └─────────────────┘
           ┌───────────────┼───────────────┐
           ▼               ▼               ▼
```

社會效率—社會服務	Dewey 的社會效率論	社會效率—社會控制
1. 並不強調分化，而著重學術科目內容、通識教育、文化，以及古典文學和哲學作品 2. 為道德特性或價值而尋求去教育學生 3. 教導個人應該努力去學習，以便能夠促進社會的改善 4. 主要人物 　　W. C. Bagley	1. 尋求去阻止介於人和社會之間的二元論，個人和社會是同義詞 2. 拒絕社會效率最原初概念背後的理想主義——社會服務 3. 雖然主張一個具社會效率的社會是一種為社會的善而釋放人類潛能的社會，但不會因此就消解個人的目的和慾望 4. 同時將其視為社會權力	1. 課程分化，特別是伴隨提供職業訓練的意圖 2. 通常被視為是來自 1905 至 1922 年間資料中的職業效率 3. 為成人職業去訓練學生 4. 科學管理 5. 主要人物 　　D. Snedden 　　J. F. Bobbitt 　　W. W. Charter

圖 8-1　社會效率論的派別

資料來源：修改自 Null, 2004

中的一場論辯發現，彼此的主張是具差異性的。在職業效率的名稱下，Snedden 認為 Bagley 的主張是毫無希望、過時、不具科學性且不具進步性，因此諸如傳統的學術性課程或普通教育都要被職業教育給取代。至於 Bagley 則認為職業教育只適用於某些特定的行業，而普通教育則是基本的知識、技能、習慣和觀念，它是所有人的共同資產（Ravitch, 2000）。

　　至於 Dewey 所主張的社會效率論，除了反對 Snedden 所主張之分化的職業教育（differentiated vocational education），批判其是透過不民主的方式，讓學生在一個非常有限的未來去做準備（Dorst, 1977），Dewey 還

透過「社會效率」去描繪一個理想社會的狀況，相關的論述主要陳述於其在 1916 年所論著的《民主與教育》（*Democracy and Education*）一書中。由於 Dewey 係主張個人與社會間並非二元對立，因此所謂社會效率的社會，個人與社會公共的善並不會彼此衝突，而是和諧共處；在此，社會效率和個人文化是一同義詞，不會相互敵對（Dewey, 1916）。對 Dewey 而言，所謂社會效率的社會，是一個能夠爲社會的善釋放個人潛能，同時不會消解個人的希望、目的和需求（Null, 2004）。

　　若將 Dewey 的論點與 Bagley 相較，兩位學者對社會效率論所持的觀點是極爲相似，都傾向是以道德爲本的社會效率，同時也都反對 Bobbitt 和 Snedden 所主張之職業效率，因爲其將無可避免會導致社會階層化，但 Dewey 更進一步提出一些具正向教育意涵的社會效率，即視社會效率爲一種心靈的社會化，也就是動態地去製造經驗多過於在社會階層化的疆界中進行溝通，個體是服膺於他人的興趣。若將社會效率視爲一種教育目的，其指的是一種權力的涵化（cultivation），旨在爲了能夠自由和完整地參與分享和溝通的活動（Dewey, 1916）。

　　至於另一個和 Bagley 不同之處，則是 Dewey 並不是將「社會效率—社會服務」視爲是一種教育的理想目的，雖然他想讓社會效率發揮出最大的潛能，但並不主張就因此犧牲個人的機會，就誠如 Dewey 於 1916 年所言：

　　　　當社會效率論被產品或成果來衡量，並以此作爲未來民主社會的理想，這意味貴族輕視民眾的特性被接受，且繼續存在。但如果民主有一個道德和理想的意義，那就是要求所有的人都對社會有所回報，同時給所有人有機會發展其獨特的能力，這兩種教育目的區分的關鍵是民主，採取較狹隘的效率含義將剝奪其必要的合理性。（Dewey, 1916）

伍　啟示——代結論

　　回顧美國課程史，社會效率論確實是二十世紀初期的數十年內最為盛行的課程學說之一，其也是課程史研究領域中較常被提及的學術用詞，但長久以來，學界對該用詞的認識似乎多偏向於特定的論述，同時負面的批評者多，而本研究透過對當前普遍採用之社會效率論的思想理路進行後設分析後發現，會產生此一現象，則和多數文獻偏向採用特定學者的界定有關。因此本研究再追溯普遍採用之論述觀點的源由，並蒐集一些採取與過去不同觀點的研究文獻進行探究，包括 Tanner 和 Tanner 對社會效率和社會控制重新賦予的新意義內涵，以及 Null 對社會效率論所進行的多元歷史理解。透過此一分析過程大致可體認，任何一種課程語彙，其本質在課程發展史中都是具移動性的，就如同一個空殼一樣，在特定的時間和社會脈絡中，因不同的學者所持之立論觀點的不同，必然會賦予其不同的意義，社會效率論在課程領域中所展現出的歷史運作邏輯亦為如此。

　　其實基於任何課程學說的意義內涵都是具複雜性，甚至可以這樣說，並無法只透過單一的課程論述，就能夠將代表某些課程學說的語彙說清楚，它們所蘊含的意義內涵還可能進行跨時代的修正與改變。因此本研究採取多元的分析取徑，主要的目的並不在確認社會效率論為何者，贊成或反對誰的論述觀點，或進行現存論述觀點的取代，而旨在彰顯對特定課程學說或概念進行持續多元歷史理解與詮釋的必要性。由於本研究僅針對社會效率論的意義內涵進行初探，未來可針對相關主題再進行延伸性的討論與深究，例如某些社會效率論述觀點形成的背景為何？不同論述觀點彼此間是如何進行互動？對學界和實務界各產生哪些影響？

　　其次，本研究還認為要持續敏察課程學說或概念之歷史詮釋所蘊藏的陷阱。目前隨著課程史研究的逐漸受到重視，除了研究數量已有明顯增加的趨勢，同時也已脫離過去「非歷史」（ahistory）狀態，然未來要努力

的方向，則是修正一些可能對某些課程學說或概念進行錯誤或狹隘之歷史解讀的「無歷史」（unhistorical）現象 [2]，相關作法包括可要對各種課程學說或概念的真實性不斷提出質疑，並敏於背後所蘊藏的陷阱，同時也可對一些已被探究過的學說或概念進行歷史的重寫與詮釋。

最後，考量國內對西方某些課程理論、事件或人物的理解，大多是透過國內課程界前輩的引介，然他們所引用與分析的資料，如果又是二手文獻，必然會摻雜被引用資料或文獻作者的價值觀，若不加批判，必然會導致錯誤的歷史理解；因此在探討某些課程學說或概念時，若能直接針對第一手資料，或蒐集可能產生不同解釋觀點的歷史資料，將能讓所有欲呈現之課程學說或概念的歷史樣貌更趨近於真實。

---

[2] Goodson（1985）曾指出傳統課程史研究的兩種弊病，其一是不重視歷史的「非歷史」（ahistory）現象，其次則是誤用歷史「無歷史」（unhistory）現象。

參考文獻

王任光譯（1968）。E. H. Carr 著，歷史論集。臺北：幼獅。

白亦方（1999）。社會科課程設計的發展與願景。臺北：師大書苑。

杜維運（2008）。史學方法論。臺北：三民。

宋明娟（2007）。重看 Ralph Tyler 的課程思想。教育研究與發展期刊，**3**（2），83-112。

林麗雲（2000）。為臺灣傳播研究另闢蹊徑：傳播史研究與研究途徑。新聞學研究，**63**，239-256。

陳麗華、李涵鈺（2005）。社會重建論及其對課程研究的影響初探。課程與教學季刊，**8**（4），35-56。

吳裕聖（2005）。把課程理解為歷史文本以社會效率運動與進步主義為例。課程與教學季刊，**8**（1），69-80。

黃金森（2007）。再評（**R. W. Tyler**）泰勒之課程思想（未出版之碩士論文）。國立臺北教育大學課程與教學研究所，臺北市。

黃俊儒（2005）。Ralph W. Tyler 模式之批判、澄清與建議。課程與教學季刊，**8**（2），91-104。

黃政傑（1991）。課程設計。臺北：東華。

黃繼仁（2005）。Joseph Schwab 的課程史定位評議。課程與教學季刊，**8**（4），19-33。

Apple, M. W., & Franklin, B. M. (1979). Curriculum history and social control. In C. Grant (Ed.), *Community participation in education* (pp.170-201). Boston: Alley and Bacon

Bagley, W. C. (1905). *The Educative Proce*ss. New York: Macmillan.

Bagley, W. C. (1911). *Educational values.* New York: Macmillan.

Chung, S., & Walsh, D. J. (2000). Unpacking child-centredness: A hostory of meanings. *Journal of Curriculum Studies*, *32*(2), 215-234.

Dewey, J. (1916). *Democracy and education*. New York: Macmillan.

Dorst, W. (1977). Social Efficiency reexamined: The Dewey-Snedden controversy. *Curriculum Inquiry*, *7*, 19-32.

Franklin, B. M. (1986). *Building the American community: The school curriculum and the search for school control*. London: Falmer.

Goodson, I. (1985). Towards curriculum history. In I. F. Goodson (Ed.), *Social histories of the secondary curriculum: Subjects for study* (pp.1-7). London and Philadelphia: The Falmer Press.

Himmelfarb, G. (1997). Telling it as you like it: Postmodernist history and the flight from fact. In K. Jenkins (Ed.), *The postmodernist history reader* (pp.158-174). New York: Routledge.

Hlebowitsh, P. S. (1992). Amid behavioural and behaviouristic objectives : Reappraising appraisals of Tyler rationale. *Journal of curriculum studies*, *24*, 553-547.

Kliebard, H. M. (1992). *Forging the American curriculum: Essays in curriculum history and theory.* New York: Routledge.

Kliebard, H. M. (1998). The effort to reconstruct the modern American curriculum. In L. E. Beyer & M. W. Apple (Eds.), *The curriculum: Problems, Polities, and possibilities* (pp.19-31). Albany, NY: State University of New York Press.

Kliebard, H. M. (2004). The s*truggle for the American curriculum* (3rd ed.). New York: Routledge Falmer.

Kliebard, H. M., & Franklin, B. M. (1983). The course of the course of study: History of curriculum. In J. H. Best (Ed.), *Historical inquiry in education: A research agenda* (pp.138-157). American Educational Research Association.

Washington, DC.

Krug, E. A. (1964). *The shaping of the American high school, 1880-1920.* Madison, WI: University of Wisconsin Press.

Null, J. W. (1999). Efficiency jettisoned: Unacknowledged changes in the curriculum thought of John Franklin Bobbitt. *Journal of Curriculum and Supervision, 15*(1), 35-42.

Null, J. W. (2004). Social efficiency splintered: Multiple meanings instead of the hegemony of one. *Journal of Curriculum and Supervision, 19*(2), 99-124.

Null, J. W. (2010). Social efficiency tradition. In C. Kridel (Ed.), *Encyclopedia of curriculum studies* (pp.789-791). Los Angeles: SAGE.

Pinar, W. F., Reynolds, W. M., Slattery, P., & Taubman, P. M. (1995). *Understanding curriculum: An introduction to the study of historical and contemporary curriculum discourses.* New York: Peter Lang.

Ponder, G. A. (1976). Schooling and control-some interpretations of changing social function of curriculum. In O. L. Davies (Ed.), *Perspectives on curriculum development, 1776-1976,* ASCD.

Ravitch, D. (2000). *Left back: A century of fail school reforms.* New York: Simon & Schuster.

Seddon, T. (1989). Curriculum history: A map of key issues. *Curriculum perspectives, 9*(4), 1-16。

Tanner, D., & Tanner, L. (1990). *History of the school curriculum.* New York: Macmillan.

第九章 評析三本教育史著中的 John Franklin Bobbitt

單文經[1]

 ## 摘要

　　本文旨在就 Cremin、Krug 及 Ravitch 等三位教育史學者所著三本專書中，對於課程學者 John Franklin Bobbitt（1876-1956）所撰作的歷史，解析其內容大要，評述其基本立場。解析內容大要時，著重作者的學經歷，各該專書的提要，以及有關 Bobbitt 故事所占的篇幅；評述基本立場時，則以對於傳統之批判與對於傳統之辯護兩種基本立場的理想類型為據。共分六節的本文，在說明主旨的前言，以及解釋史學批判意義與說明基本立場類型的第二節之後，依序於第三至五節評析三本教育史著中的 Bobbitt。最後，則於第六節歸結本文特點，並據以指出進一步研究的方向，以為結論。

關鍵詞 John Franklin Bobbitt、史學批判、社會效率、課程編製

---

[1] 中國文化大學教授。

📖 壹　前言

　　本文旨在就《學校的變革：美國教育中的進步主義，1876-1957》（*The Transformation of the School: Progressivism in American Education, 1876-1957*）（Cremin, 1961）、《1880-1920年間美國高中的形成》（*The Shaping of the American High School, 1880-1920*）（Krug, 1964）、《1920-1941年間美國高中的形成》（*The Shaping of the American High School, 1920-1941*）（Krug, 1972）及《殘壘：一個世紀失敗的學校改革》（*Left Back: A Century of Failed School Reforms*）（Ravitch, 2000）等三位史家所撰作的四本教育史著作中，對於課程學者 John Franklin Bobbitt（1876-1956）所敘寫的故事，加以評析。

　　於正式進入本文之前，有三點先行說明。

　　第一，爲行文方便，以下有時將這四本教育史著簡稱爲《學校變革》、《高中形成 I》、《高中形成 II》，以及《殘壘》。又，《高中形成 I》及《高中形成 II》分別報導 1880-1920 年間及 1920-1941 年間美國高中的形成，爲 Krug 分別於 1964 及 1972 年所完成之前後連續、首尾一貫的著作，本文乃將二書合而爲一，專列一節，而與專論《學校變革》及《殘壘》二書的兩節並列。

　　第二，本文所稱評析一詞，可以較簡略地稱爲史學批判（historiographical criticism），亦可稍詳細地解爲：自教育史學（historiography of education）的角度進行批判式解析（critical analysis）。評析的目的，亦即評析這項動作的預期結果，是分析式理解三本教育史著所敘寫的 Bobbitt 故事內容，並且綜合式地評價其等敘寫故事時所持的基本立場。筆者在第二節，將以釋明史學批判的概念，以及基本立場的理想類型，說明本文針對三本教育史著中的 Bobbitt 進行評析時的理據。

　　第三，爲便於讀者掌握各史著有關 Bobbitt 文字的出版事項、數據、

關鍵概念與要點，以及基本立場等，特將第三至五節的文字整理成為表
9-1。為求簡化，表 9-1 僅分為兩個欄目：一欄為序號，是依據這些史著
出版先後的順序排列；另一欄則再分為三個部分：第一部分為其等的書
名、出版年代、各史著中有關 Bobbitt 的文字所占篇幅與全書篇幅之數字
對比；第二部分為關鍵概念組成的要點，並特別將各該作者對於 Bobbitt
言行的評論，加上括弧，藉以突顯其重要性；第三部分則為筆者對於三位
作者敘寫 Bobbitt 故事的基本立場之歸類。

表 9-1　各史著有關 Bobbitt 文字的數據、要點及基本立場

序號	A. 書名、作者、出版年代、Bobbitt 文字所占篇幅／全書篇幅 B. 關鍵詞或要點（「」內文字表史著作者對 Bobbitt 的評論） C. 作者敘寫該故事的基本立場
1	A.《學校變革》（Cremin, 1961），5/378 B.《如何編製課程》（1924）；課程編製人員為偉大的工程師；「篤信科學」、「保守」 C. 對於傳統之批判
2	A.《高中形成》（Krug, 1964, 1972），12/861 B.《課程》（1918）預示科學化課程編製時代的來臨，Bobbitt 也因而成為課程修正的先知，「然他對課程的界定卻未達到精確與細緻的科學化要求」；活動分析法；社會效率；《如何編製課程》（1924）例示 160 項具體的目標 C. 對於傳統之批判
3	A.《殘壘》（Ravitch, 2000），14/555 B. Bobbitt 為 1910 年代始行的學校調查運動的重要人物之一；「Bobbitt 倡導的社會效率課程是當時進步教育改革者試圖打破學術教育所占優勢，而發起的一場運動」 C. 對於傳統之辯護

資料來源：筆者根據本文第三至第五節文字整理而成

　　總上所述，本文共分六節，前言說明本文主旨，第二節解釋史學批判的意義，並說明基本立場的類型，第三至至五節評析三本教育史著中有關 Bobbitt 的故事，第六節則歸結本文特點，並據以指出進一步研究的方向以爲結論。

貳　史學批判與基本立場

一、史學批判

(一) 史學

　　Dewey（1938: 235-236）指出，歷史（history）不只是「過去所發生的事情」，更是「在後來針對這些發生的事情，所作成的學術重建」。此一學術重建的工作，一般稱之爲史學（historiography）。

　　Dewey（1938: 234）又指出，史學家在進行學術重建時，不能避免地要做選擇。他說：

> 　　所有的史學建構，都必然具有選擇性質。因爲過去不可能完全複製，也不可能再重新來過一次，……在歷史書寫中的每件事情，都必須建立作成選擇時所依據的原則。此一原則決定了我們分配給過去各個事件的比重，又何者應予選取或略去；也決定了如何將這些經過選取的事實加以整理與排序。[2]

就是因爲這種「選擇式的強調」（selective emphasis）（Dewey, 1925: 31, 34），我們看到了一個有關 Bobbitt 的事實，經三位作者依其「原則」，

---

[2]　粗黑體字是Dewey原爲表強調而標記的斜體字。

或者本文所稱的「基本立場」，做出「選擇」，且將「經過選擇的事實加
以整理與排序」，結果構成了三套長短各異、內容不盡相同的歷史敘事
（請見第三至五節所述，並見表 9-1）。

(二) 批判

筆者據唐君毅（1974）、鄒謙（1974），以及 Dewey（1890, 1922-
1923, 1925, 1934）等探討批判之爲一種方法的文字，歸納可供本文準用的
四個要點：

1. 批判是指不貿然做出任意獨斷的評定，而是在進一步反思與考察
後，方才做出的判斷。

2. 批判乃是具有鑑別作用的判斷、審慎的評估，凡是要鑑別的題材
是良好的或有價值的事物，或是具有此種性質的思想或主張，這種判斷就
可稱之爲批判。換言之，對於價值或思想的對象之條件和後果進行明智的
探究，就是批判。

3. 批判與直接說出具有完全不同的性質，亦即批判並非就著某個對
象直指其優缺點的作法，而是就其實質與形式的內涵詳爲解說的工作。這
種批判的工作，總是有著假設的因素，所以任何人在進行批判時，都是在
爲假設尋求驗證，也因此，批判別人的人，實際上是在其所作的批判中，
把自己也給揭露了出來。

4. 批判具備一個共同的形式，而此一形式表現在批判者必須發揮兩
種作用：區分與結合，也就是一般所謂的分析與綜合。此二者不可分立，
它應由事理的分析開始，俾便確切理解其內涵，繼之以綜合，俾便掌握其
全體，並洞察事理之性質。

這四點可再歸納爲：

批判是針對價值或思想的對象之條件和後果，進行明智的思考而後做
出的判斷，亦即就對象之實質與形式的內涵詳爲解說。進行批判時，宜始
自事理分析，以確切理解其內涵，再行多方綜合以掌握其全體，進而洞察

事理之性質。

(三) 史學批判在本文的運用

1. 基於史學重建的原理，本文確認三位作者在四本史著之中，依其各自的思想與感受力，本諸各自的原則或基本立場，將有關 Bobbitt 的史實，經過選擇、整理與排序，撰成不盡相同的故事。筆者將在進一步的反思與考察之後，針對「一個 Bobbitt、三個課程故事」之實質與形式的內涵詳為解說。

2. 筆者將由三位作者敘寫的 Bobbitt 故事，以及其所撰成的結論、意見或評論中，揭示其撰作故事的原則或基本立場。為確實掌握各位作者撰寫 Bobbitt 故事的原則或基本立場，筆者不只詳讀這些故事，更細閱這四本史著的書名、序言、各章節內容、注解、後記、索引等訊息，並且研究作者的學經歷及其有關的著作等。

3. 具體而言，筆者將把握史學重建的原理，以三位作者所撰成的 Bobbitt 故事，置於四本著作的全部內容脈絡之中，善用區分與結合的方法，由故事的本身為起點細加分析，確切理解其內涵，再進入各部史著的有關部分加以綜合，俾便掌握故事的真切意義，評析其基本立場。

二、基本立場

如前所述，史家就著事實或資料進行選擇、整理與排序，皆有其各自一套可資依循的基本立場。

Barbara Finkelstein 及 Matthew Gardner Kelly 二位教育史學學者以不同的術語稱名這些基本立場。Finkelstein（1992: 264, 265）稱之為「解釋架構」（explanatory framework）或「詮釋透鏡」（interpretive lens），而 Kelly（2014: 756, 757）則稱之為「詮釋圖式」（interpretive scheme）。且讓筆者先就其等的文字，檢視其進行史著的撰作所依循的基本立場，再行歸納

而成基本立場的理想類型。

　　Finkelstein（1992: 255-256）認爲「教育史爲一種由具有啟迪作用的敘事（revealing narratives）所構成的訊息系統（a message system）」，而教育史學者就是一群傳播這些訊息的「社會信使」（social messengers）（p.257）。Finkelstein（1992: 258）把教育史家所依循的詮釋慣例（interpretive traditions），[3] 依其年代先後分爲三代（generations）。第一代是 1900 年代至 1960 年代間的教育史家，多只從教育專業的角度撰作教育史，「視教育史爲慈善、自由、平等的社會安排等措施中具有進步性的一部分（a progressive chapter）」——這應等同於 Kliebard（2004: 271）所稱之「頌揚式的歷史」（celebratory history）。

　　第二代是指在 1960 年代至 1970 年代之間，對前一代所依循的「傳統準則」（traditional canon）進行批判的教育史家。他們又可分爲：(1) 主張教育史應嵌於文化史中，促成文化的進展的學術至尊（intellectual imperials）；(2) 主張教育史應揭露社會文化中壓迫與控制的事實的正義工作者（justice workers）；(3) 主張教育史應促成社會現代化發展的現代化理論家（modernization theorists）（Finkelstein, 1992: 258-259, 263-265）。

　　第三代則是 1980 年代之後，對於過去兩代教育史家傳輸慈善、派代亞（paideia）、壓迫及現代化等訊息時，所研究的對象皆爲社會精英，所關注的都是都市社會中經濟、政治與學術等鉅觀的與高層次的文化，所著眼的是教師教了什麼而非學生學了什麼，這樣的教育史有所偏倚，亟需以複合的多元論（multiple pluralism）予以補正（Finkelstein, 1992: 274）。這種複合的多元論主張針對過去教育史忽視的弱勢或邊緣人物，如黑人、工人，以及女性等（Finkelstein, 1992: 275-276, 279-283）進行研究，俾便「掙脫傳統，揭露新意，發現前所未見的社會眞相」（Finkelstein, 1992:

---

[3] "traditions"一詞，一般譯爲傳統，亦可解爲慣例，爲免與譯解爲傳統論"traditionalism"的一詞造成混淆，乃以慣例譯解之。

285）。

　　Kelly（2014）參考 Finkelstein（1992）的說法，就著近百餘年來學者們針對美國教育史實所完成的史著，將其各自之「詮釋的假設」歸納而成四種「詮釋的慣例」：傳統論（traditionalism）、激進修正論（radical revisionism）、進步修正論（progressive revisionism）、多元修正論（plural revisionism）。傳統論認爲認爲「教育爲超級的萬靈丹」（a great panacea）（p.759），激進修正論所傳遞的訊息是把教育看成「社會精英的陰謀」（elite conspiracy）（p.763），進步修正論主張教育爲「不完美的社會利益」（an imperfect social good）（p.766），而多元修正論則「轉而注意邊際社群的教育經驗」（p.767）。

　　總上所述，Finkelstein（1992）及 Kelly（2014）二位教育史學者，對於過去近百年來教育或課程史的原則、理論架構，詮釋慣例，或者詮釋圖式──就本文而言，就是基本立場──大致可以綜合而成「對於傳統之辯護」與「對於傳統之批判」兩個「理想類型」（ideal type）（方永泉，2000）。對於傳統之辯護或可等同於保守，而對傳統的批判則或可等同於進步或是修正。爲便於讀者理解，謹以對比的方式將其間的關聯，作成表9-2：

表 9-2　二位作者之理論架構與基本立場的對照

著作	理論架構	基本立場
Finkelstein, 1992	第一代：傳統準則	對於傳統之辯護
	第二代：對於傳統準則進行批判 第三代：複合的多元論	對於傳統之批判
Kelly, 2014	傳統	對於傳統之辯護
	激進修正論 進步修正論 多元修正論	對於傳統之批判

資料來源：筆者自行整理

參　《學校變革》（Cremin，1961）

一、本書作者與提要

　　Lawrence Cremin（1925-1990），哥倫比亞大學博士，1961 年成為 Frederick A. P. Barnard 教育學教授及歷史學系教授，先後出任哥大師範學院的哲學與教育政治學研究所主任（1965-1974）及哥大師範學院校長（1974-1984）。其所著《學校變革》及《1783 至 1876 年的美國教育》（*American Education: The National Experience, 1783-1876*），於 1962 年各獲 Bancroft Prize in American History 及 Pulitzer Prize for History 獎項。

　　《學校變革》共分兩篇，第一篇為「教育中的進步脈衝，1876-1917」（The progressive impulse in education, 1876-1917）共分五章：〈普及教育的傳統〉、〈教育與工業〉、〈文化與社區〉、〈論及科學、達爾文主義與教育〉，以及〈教育先導者〉等。第二篇「教育中的進步時代，1917-1957」（The progressive era in education, 1917-1957）則分四章：除論及 Bobbitt 的第六章〈科學主義者、感情主義者與激進主義者〉（Scientists, sentimentalists, and radicals），另有〈異議者的組織〉、〈教育主流的變化〉，與〈普及教育的危機〉等三章。

二、本書論及 *Bobbitt* 的要點

　　《學校變革》一書針對 Bobbitt 的討論，主要是在第二篇的首章，也就是全書的第六章中，一共八節文字中的第三節。旨在說明當時科學與效率的思潮，促使全美教育協會的督導部門（National Educational Association's Department of Superintendence）組成教育時間經濟委員會（Committee on Economy of Time in Education），以便減少學校課程的浪費

現象（Cremin, 1961: 193）。該委員會爲兩次大戰之間的美國帶來了兩項學校課程改革的成果：一爲運用教育科學的發現，爲傳統科目的教學尋求改進之道（Cremin, 1961: 197-198）；另一則係以該委員會的社會功利論爲據，運用當前社會活動的分析，作爲決定課程優先順序的規準（Cremin, 1961: 198-200）。Bobbitt 即爲後者中的重要人物之一。

Cremin 在《學校變革》中論及 Bobbitt 者，計有三個要點：

(一) Bobbitt 於 1924 年出版了名爲《如何編製課程》（*How to Make a Curriculum*）一書，將委員會所明示的理論與實際作法付諸實行。[4]

(二) Bobbitt 把課程編製人員等同於「偉大的工程師」（a "great engineer"）──對於 1920 年代相信科學的人士而言，這個名詞很普遍。以科學爲方法，據現實生活分析的結果，編製適用的課程，爲未來的成人生活做準備，正是這些偉大工程師的重責大任（Cremin, 1961: 199）。

(三) 篤信科學的 Bobbitt 認爲，辦理教育不能依賴模糊不清的理想，以及不可名狀的人類性質，尤其不可只做些無謂的哲學爭辯，凡事皆要以科學方法進行準確的測度。然而，值得注意的是，Cremin 在腳注中引用了 Bobbitt 在全國教育研究會（National Society for the Study of Education）的二六期年刊（*The Twenty-Sixth Yearbook*）中的一段文字「學校並非社會改革的機構，其責任在協助個人持續而恆常地過著對他最實用的生活」評論 Bobbitt：「放棄了透過教育漸進地改善生活的想法」（Cremin, 1961: 200）。Cremin 這樣的評論與他在另一段文字所說：「其在反形式主義（antiformalism）這一點可謂激進，但對社會的影響則較保守」（Cremin, 1961: 197），恰可相互呼應。

---

[4] Cremin 並在腳注中提到 1918 年的《課程》（*The curriculum*）一書。

三、*Cremin* 敘寫該故事的基本立場

筆者將 Cremin 敘寫該故事的基本立場歸在「對於傳統之批判」一類。之所以如此，有二層考慮：

首先，如 Cremin 序言中明示：

> 進步教育運動的故事：緊接著內戰後的數十年的起始；知識分子於世紀之交的普遍提倡；一次世界大戰前十年的聚集政治動能；贏得有組織教師專業的支持；其對美國的公私立大學及中小學的全面影響；1920 及 1930 年代的分裂；以及二次世界大戰後的瓦解；是為本書的要旨。（p.ix）

由此可以看出，該書的基本立場就是要報導進步教育運動的始末。依 Cremin（p.viii）的說法，進步教育乃是：「把美國進步主義當作一個整體時，其所顯現的教育層面」（p.viii）。他並且隨即以三項確切的語詞詮釋進步教育的特性（pp.xiii-ix）：

> 第一，把課程的範圍及學校的功能加以擴大，將諸如健康、職業，以及家庭與社區的生活等包括進來；
> 第二，將心理學及各種社會科中新興的科學研究所導出的教育原則應用在課堂；
> 第三，就在學的學生經過多種方式而指認的不同類型的學生進行量身定製的教學（tailoring instruction）。

若說這種教育主張，在當時乃是合乎「進步」理念，掙脫傳統教育束縛之舉，應無疑義。

其次，由本節在敘述 Cremin 於《學校變革》中論及 Bobbitt 的要點

時提及，Cremin 就著 Bobbitt 所說「學校並非社會改革的機構」而評論 Bobbitt：「放棄了透過教育漸進地改善生活的想法」，以及 Cremin 逕行批評 Bobbitt「對社會的影響則較保守」。

肆 《高中形成 I》（Krug，1964）與《高中形成 II》（Krug，1972）

一、本書作者與提要

Edward A. Krug（1911-1979），史丹佛大學博士，長期在威斯康辛大學麥迪遜校區服務，為第一屆 Virgil E. Herrick Professor of Educational Policy Studies。他亦曾在蒙他拿大學及史丹佛大學任教。著有《課程計畫》（*Curriculum Planning*）（1950），《執行課程計畫》（*Administering Curriculum Planning*）（1957），以及《高中形成》I 及 II 兩冊等書。

Krug 所著《高中形成》一書，以 1920 年為界，分 I 及 II 兩冊，敘述由 1880 至 1941 年間發生的各種與高中形成有關的課程、各種委員會的運作、各種區域性的協會、各級學校的教師、大學校長、初級中學的設立、各種人物的意識形態乃至偏見的變化等等。《高中形成 I》設有 17 章，而。《高中形成 II》則設有 12 章。

二、本書論及 *Bobbitt* 的要點

因為有關 Bobbitt 的事蹟多發生於 1920 年之後，所以，本文有關 Bobbitt 的討論取自《高中形成 I》的篇幅較少，而取自《高中形成 II》者較多。

Krug 在《高中形成 I》一共四處提到 Bobbitt：其中一次在腳注（Krug,

1964: 305n），一次在文後的書目紀要（Krug, 1964: 458）；眞正在正文中出現的只有二處，一處是在論及 William C. Bagley 及 David Snedden 等倡行將科學管理原理運用到教育事務俾便提高效率的作法時，提到 Bobbitt 後來將之普及化的「活動分析」（activity analysis）法（Krug, 1964: 310）；另一次，則是在提到當時的學校實施科學管理，使教師因爲參與學校的政策形成而增加了許多負擔，而引用了 Bobbitt 的一段文字：「找到最好的方法這件事太大且太複雜，教師們無法擔負此一責任」（1913: 52）。

Krug 在《高中形成 II》一共八處提到 Bobbitt，其中有七處集中於第 2 章〈課程修正之鐵錘〉（The hammers of curriculum revision）之中。這七處又可歸納爲三個要點：

(一) Krug（1972: 28）指出，Bobbitt 於 1918 年出版的《課程》一書預示了科學化課程編製時代的來臨，Bobbitt 也因爲這本書而成爲課程修正這方面的先知。雖然 Bobbitt（1918: 43）說：「科學時代要求精確與細緻」，但由他所下的課程定義，卻完全看不出科學的精確與細緻，反而有些舞文弄墨，又有藻飾華麗之感。他不把課程界定爲學校科目的總和，也不像《中等教育原則報告》（*Cardinal Principles Report*）那樣，以學生修習科目的不同而分爲商業課程或是學術課程，卻這樣界定了課程：「非經指導與經過指導的經驗整體，以個人能力的開展爲要，也包括學校有意指導的訓練經驗」（Bobbitt, 1918: 43）。

(二) 隨後，Krug（1972: 29）指出，Bobbitt 以科學方法分析人類的習慣、技能、能力、思維形式、價值判斷、企圖心等等（Bobbitt, 1918: 43）。後來許多年，他持續將成人多方面生活之各種可欲的活動加以逐條列記詳細說明，因而發展而成眾人所知的「活動分析法」。以此一方法計劃課程，可爲世世代代的人們增進教育的效率（Bobbitt, 1918: 48-49）。但是，Krug（1972: 29）也指

出了，因爲這套方法繁瑣細碎，費時費力，因而少有學區當局
務實採行。

(三) Krug（1972: 33）回顧歷史而確認：「課程修正是個老問題」。
像柏拉圖及亞里斯多德時代的政治一樣悠久，較晚近的事是十
人委員會（Committe of Ten）所啟動的課程修正。在 1920 年代，
它變成了一項學校單位自發性的工作，以及一個研究的領域。
各地方火熱地進行課程修正，頗爲顯眼。所以，發展到後來，
「大家不再把它當作探究之標的，而變成爲一項大家都必須遵行
的儀節」（p.34）。

(四) Bobbitt 於 1922 年受聘爲洛杉磯學區課程修正顧問，成立由 25
位教師組成的委員會，推動約有 1,200 位教師參與的課程修正
工作，完成了七組共 500 項目標（Krug, 1972: 34-35）。[5] Bobbitt
並據以撰成 1924 年出版的《如何編製課程》一書，其中例示了
160 項具體的目標，希望作爲各地課程編製人員發展其自身目標
的參考（Krug, 1972: 29）。

至於 Krug（1972: 245-246）在《高中形成 II》提到 Bobbitt 的第八處，
報導了 Bobbitt 對於 1932 年由美國歷史學會下設的一個委員會所完成的
《學校中的社會科章程》（*A Charter for the Social Studies in the Schools*）報
告中過度強調集體主義，表示十分不滿，因與本文主旨關聯較少，不再
贅述。

三、Krug 敘寫該故事的基本立場

筆者將 Krug 敘寫該故事的基本立場歸在「對於傳統之批判」的一類。

---

[5]　1925年，在Jesse H. Newlon的主導下，丹佛學區亦進行類似活動，並爲此一課程修
正運動的兩大勝利（Krug, 1972: 34）。

作如此的判斷，除了前述 Krug 針對 Bobbitt 的言行所做的兩項評論之外，更重要的憑據是他撰著該書所持的基本立場。

　　首先，請看兩項評論：其一，Krug 指出，Bobbitt 倡言，於科學時代，凡事皆應力求精確與細緻，但是，卻未見其以科學的精確與細緻來爲課程下定義。其二，Krug 評述，在 1920 年代，課程修正變成了一項大家都必須遵行的儀節，而不再把它當作探究之標的。

　　其次，請再看 Krug 撰著該書的立場。他在《高中形成 II》的序言中直陳：

> 　　我敘説本書故事的方式，受到我所持有的立場影響；我應在此釋明之。我相信公立高中是爲所有青年人而開設的，是爲了他們增進進修、充實與幸福等的機會，而非爲了社會效率或控制。（Krug, 1972: xiv）

筆者認爲，以 Krug 在該書若干章目及文字的措辭，應可推想他對社會效率教育所持的態度，並進而理解 Krug 敘寫 Bobbitt 這位社會效率教育運動領導者的故事之基本立場。

　　《高中形成 I》專設第 11 章〈社會效率昂揚勝出〉（Social efficiency triumphant），論及社會效率的教育時指出，「不只涵蓋兩項主要的改革——社會服務與社會控制——也包括社會中心與社會教育等運動」（1964: 274），然而，Krug（1964: 275）還報導了 Arthur Deerin Call 於 1909 年宣示，公立學校的宗旨：

> 　　並非在加強學術訓練，而是讓學生藉由自由而愉快的社會互動，在友善而能激勵上進的成人獲致真實生活的歷練，成爲能爲社會服務的一分子。

稍後，Krug（1964: 276）用頗不以爲然的言語做了如下的評論：

> 到了最後，社會效率打敗了其他所有的教育，甚至把工業教育
> 這麼一個早就爲大家傳述已久的教育作法也吸納進來。[6]

另外，Krug 在《高中形成 II》中以〈課程修正之鐵錘〉爲名的第 2 章，彰顯 Bobbitt 等科學化課程編製論的倡導者，欲以「課程修正之鐵錘」積極介入高中課程實務（Krug, 1972: 28）的情狀。

然而，「賦予這整個運動非常多的負面觀察」（Kliebard, 2004: 274）的 Krug 卻又將描述高中課程在這種介入行動的結果之第 3 章，名之爲〈鐵砧〉（The anvil），以「鐵錘打在堅硬的鐵砧之上」諷喻其徒勞無功的情形：

> 就是 1920 年代的高中這些鐵砧，讓如此之多的課程修正之鐵
> 錘，要不是斷掉了，要不就是彎曲了。（Krug, 1972: 66）

繼之以名爲〈鐵砧〉（The anvil）的第 3 章，彰顯 Bobbitt 等科學化課程編製論的倡導者，積極介入高中課程實務（Krug, 1972: 28）的情狀。

接著，Krug 指出，社會效率論者藉著「時間經濟」（economy of time）運動（Krug, 1972: 50），將這種介入的行動落實爲課程修正之「錘」，試圖打在一直以來受大學主導而充斥著各類學術科目的課程「鐵砧」之上（Krug, 1972: 60），卻發現：

> 高中這些鐵砧顯而易見的堅硬，並不必然可以證明人們恪守

---

[6] 也值得注意的是，Krug 在《高中形成 I》第 10 章就是在探討〈職業主義的插曲〉（The interlude of vocationalism）。

著學術傳統，以致形成一種根深蒂固的意識形態。……而是一些習慣……民風……使得某些學術科目的存續。或許就是這些原因強化了鐵砧的硬度。

由這幾段文字應看出筆者對於 Krug 敘寫有關 Bobbitt 的課程故事之基本立場乃是「對於保守的批判」。

伍 《殘壘》（Ravitch，2000）

一、本書作者與提要

Diane Ravitch（1938-），哥倫比亞大學博士，其指導教授為 Cremin。她曾在哥倫比亞大學師範學院及紐約市立大學任教，並曾於 1991 至 1993 年擔任美國教育部助理部長，主管教育研究事務。其近著有《美國學校體制的生與死：論考試與擇校對教育的侵蝕》（*The Death and Life of the Great American School System: How Testing and Choice Are Undermining Education*）（2010）及《錯誤的時代：私有化運動的騙局與美國公立學校的危險》（*Reign of Error: The Hoax of the Privatization Movement and the Danger to America's Public Schools*）（2013）。

該書主要在就著 1890 年代至 1990 年代的一百年之間，破除博雅教育（即學術課程）為主旨的學校教育改革失敗而留下的殘壘，進行演進與發展的歷史敘述。全書設有 11 章，論述教育的階梯（educational ladder）、三岔路口、專家時代（The age of the experts）、智力測驗、代替學術課程的作法（Instead of the academic curriculum）、論社會先鋒、公共學校的回應、異議與批判、無法控制的突發性災難[7]、六〇年代、追求標準等主題。

---

[7] 指生活適應教育運動所帶來的學術學習之落敗。

二、本書論及 *Bobbitt* 的要點

本書論及 Bobbitt 的集中在第 3 章〈專家時代〉及第 5 章〈代替學術課程的作法〉。共有 11 節的第 3 章集中在第 4 小節「學校調查運動」；共有 10 節的第 5 章則集中在第 1 小節「社會效率的課程」。茲歸納爲二個要點，簡述如下。

(一) Bobbitt爲1910年代始行的學校調查運動的重要人物之一（Ravitch, 2000: 102-107）

Ravitch（2000: 88）在《殘壘》第 3 章〈專家時代〉的前言指出，1910 年代興起的學校改革運動有三項共同特色：其一，不相信教育應爲所有的學童提供博雅與通識的教育，並且讓他們依循教育的階梯拾級而上；其二，教育的權責由家長、教師及學校的領導者，移轉到在新成立的教育學院中任職的教育專家（pedagogical experts）；其三，這些教育專家宣稱，民主體制下的教育應實施差異化的課程。

Ravitch（2000: 102）指出，到了 1920 年代，包括課程差異化、職業輔導、智力測驗，以及將學校體制重新建構成爲由官僚控管的高度中央集權的組織等作法，皆經人冠之以「近代的」、「科學的」、「進步的」及「專業的」等形容詞。而所有的專業期刊及專業組織皆表達了同樣的需求：一是以「近代科學」爲基礎的效率爲目標，另一是對學術教育進行改革。而學校調查即爲這些教育專家——特別是持有進步主義思想教育專家，除了 Bobbitt 之外，還有 Cubberley、Strayer、Edward C. Elliott 及 Paul Hanus——所用以檢視學校教育運作現況、發現問題與提出改革建議的主要方法。

依 Ravitch（2000: 104）之見，自稱「教育工程師」的 Bobbitt 設計了一套成本會計的作法，用以計算與比較不同科目在每節課的成本。他對於他所稱的「學術教育」（scholastic education）給予不高的評價，並

且抱怨一般學校投入學術教育的經費太多，而投入職能教育（functional education）的經費太少。

Ravitch（2000: 104-105）報導了 Bobbitt 於 1915 年受聘德州聖安東尼奧市進行學校調查。該市的學校原本即開設了為數相當多的職業教育課程。然而，Bobbitt 根據調查的結果指出，選習商科的高中學生必須修習代數與幾何等科目，乃是一種不必要的浪費；他更批評，讓這些預備在將來擔任簿記、速記打字員，或是店員的商科學生被迫選習兩年的科學科，也是另一種浪費。

Ravitch（2000: 105）認為，Bobbitt 在學校的任何一個角落都會發現浪費的現象：為什麼家政科的女生要修習物理與化學？其實，她們所需要是家管的物理、化學與細菌學。更浪費的是，女生為什麼要修習代數與幾何？Bobbitt 甚至建議，讓熟悉家管工作要項有充分理解的本地女性組成一個委員會，仔細檢視小學高年級所用的算術課本並且找出有哪些內容根本沒有必要。Bobbitt 指出，這些女性委員們忘掉她們在小學所學的算術越多，就會越容易完成這項剔除無用算術內容的任務。

Ravitch（2000: 106）指出，在 Bobbitt 的建議之下，聖安東尼奧市學區調查了地方上現有的工作，俾便憑以決定學校應該教哪些職業性質的課程。儘管家長多麼希望子弟能接受學術教育，但 Bobbitt 認為沒有必要讓所有學生都接受這樣的教育。他根據 1910 年的人口普查資料指出，每一百位男孩中只有 6 位能進入專業界，其餘 94% 的男孩應該接受職業教育；只有 7% 的女孩可能擔任教師，其餘的就應該擔任僕人、廚師、女服務員、洗衣員、售貨員，或其他低薪的工作人員。Ravitch（2000: 107）乃據以評論，和 Bobbitt 持有同樣主張的學校調查運動的倡導者，心目中毫無社會變遷與社會流動的概念，實為一大遺憾也！

(二) Bobbitt倡導的社會效率課程是當時進步教育改革者試圖打破 學術教育所占優勢，而發起的一場運動（Ravitch, 2000: 162-169）

Ravitch（2000: 163-164）指出，原本一般學校皆依社區家長的意願施行以學術科目爲主，而以簿記及木工等一些實用科目爲輔的教育。然而，在課程研究這個領域成立之後，像 Bobbitt 這樣的課程專家即堅持課程編製爲一門科學，其複雜難爲的性質非一般教師與外行人所能置喙，只有曾經研究過教科書、讀過研究報告、修習過某些功課，且熟悉課程理論的課程專家方有資格決定兒童應該學習些什麼。於是，各地的學校紛紛把課程管制的權責由原本主修英文、歷史或數學等專門科目的教育工作者，轉移給受過訓練的課程專家。

依 Ravitch（2000: 164-165）之見，1918 年出版的第一本名爲《課程》的專書，成了師資機構的標準教科用書。他把課程編製置於兩個相互敵對的思想派別之間，一爲傳統論者，另一爲功利論者。前者以捍衛文化爲己任，認爲知識自有其內蘊的價值，學習本身即是一種樂趣；後者則如 Bobbitt 自己，主要關心的是如何把學生未來工作上能運用的知識教給他們。

Ravitch（2000: 165-166）指出，Bobbitt 除了認爲課程編製者應該扮演教育工程師的角色，以便設法提供最有用的知識給學生之外，他還認爲學校應該盡其所能設法克服與防止社會生活有所疏漏的地方。例如：若是農產的產量下降，學校就應該提供較好的農業教育；如果工廠的生產效率不佳，學校就要教工業教育；如果研究顯示，不健康的身體會帶來不良的後果，學校就要提供健康教育；如果許多男人不適任軍職，學校就必須提供軍事訓練；若是車禍頻繁，學校就要提供安全訓練。學校所教的每項東西，都必須有其目的。諸如歷史與文學等科目，純粹是休閒活動，而且，每千人之中僅有一人需要學習外語。熟悉外語與身體健康、職業效率或是

社區衛生等等都毫無關聯。因此，沒有必要讓另外的 999 人學習只須一人去學的東西。

Ravitch（2000: 166-168）還介紹了 Bobbitt 所倡行的工作分析法，亦即 Charters 所稱的活動分析的原理與作法，在此不予贅述。值得說明的是，依 Ravitch（2000: 167）的說法，Charters 不像其他一些進步教育人士，他不贊成把學校的科目一股腦地放棄不教。他認為，諸如化學、歷史、地理及物理等都是有組織的資訊，跟一些選修科目一樣，可以培養學生以專家的觀點看一些專門的問題。

最後，Ravitch（2000: 167）提及 Bobbitt 於 1924 年出版的《如何編製課程》，在此也不贅述。不過，由 Ravitch 的行文當中可以看出，她對於 Bobbitt 在這本書中提到他在洛杉磯編修當地學校的課程時，把課程分解而成的細小目標之數量繁多，頗不以為然。

三、*Ravitch* 敘寫該故事的基本立場

相對於前述的二個故事，Ravitch 所敘寫有關 Bobbitt 的故事，一樣也是採取批評的態度，但是，她所採取的基本立場卻不同，而可歸在「對於傳統之辯護」一類。作如此的判斷，主要是 Ravitch 認為，Bobbitt 社會效率課程論，是當時進步教育改革者試圖打破學術教育所占優勢，而發起的一場運動。且讓筆者就著 Ravitch 的文字，作一番說明。

Ravitch（2000: 14-15）在《殘壘》的〈導論〉之中自述：

> 本書的主旨乃在就著美國學校中看來始終存在的一些爭議，例如標準、課程與教法等問題，溯本追源。尤其，本書將針對學校所擔負的學術使命所遭受之無止息的攻擊，仔細敘述其來龍去脈。在二十世紀早期，隨著入學人口增加，兩派不同主張的人士即宣告決裂：一派主張所有的學生皆應接受博雅教育（也就是學術課程），另一派主

張這樣的課程只應教給升大學的精英。後者多半是以教育學院為基地，自認為是新式的進步教育運動的成員，並且在教育專業形成的年代成為此一專業的主流。

Ravitch 指出，這些教育學者認為應該施行課程分化（curriculum differentiation，或譯差異化），也就是為升大學的學生提供學術教育，為不升大學的學生提供非學術教育。然而，這種作法的結果是讓貧窮、移民及少數族裔家庭出身的學生受迫修習學術要求不高的職業、工業或綜合的課程。這種作法以「符合個別學生的需求」的美麗說辭加以包裝，確造成了美國中小學校的種族與社會階層化。

職是，Ravitch（2000: 15）自述：「本書將痛陳此種階層化不只非常不民主，更重創了學生及整個美國社會。」為此，Ravitch 特地將該書所謂的「學術課程」（academic curriculum）做了一番澄清式的界定：

> 「學術課程」並非講理的教育工作者與家長們一直抱怨的呆板教法、機械記憶及被動學習等作法，也並非指涉基本知能的教學，而是有系統地學習語言與文學、科學與數學、歷史、藝術與外文等。這些學習通常稱之為「博雅教育」，傳遞了重要的知識與技能，陶養了藝術的想像力，並且教導學生針對其等生活的周遭世界進行批判與反省的思考。（p.15）

接著，Ravitch 論及教育史家所敘述的二十世紀的故事，多是進步教育運動如何展開的英雄事蹟，如何將曾經短暫主導美國中小學中傳統論者加以攻克，然後失去其活力而於 1950 年代中期枯萎而逝。Cremin 的經典之作《學校變革》正是這種敘述的典範，但絕非她這本書所報導的故事。Ravitch（2000: 16）宣示：

進步教育運動並未於 1950 年代中期消失；正當 Cremin 說他爲它撰寫訃文時，其實該項運動正逢低潮，它在 1960 年代早期又以反學術論的思想重新活過來。在 Cremin 這本重要的論著中，反學術論以進步教育運動的偶然、不幸的副產品的形式在該世紀出現，但是，本書則主張反學術論乃是教育中的進步論難以避免的後果。

由此，我們應可明白，爲何 Ravitch 會認爲 Bobbitt 社會效率課程論，是當時進步教育改革者試圖打破學術教育所占優勢，而發起的一場運動，也因此應可理解筆者將 Ravitch 所敘寫的 Bobbitt 故事的基本立場歸在「對於傳統之辯護」一類。

陸　結論

筆者業已就著三位作者於四本專書所撰有關 Bobitt 的三個課程故事，敘其大要，並將三位作者敘寫故事的基本立場做了一番歸類。茲謹據本文所述，總結本文的二個特點，並據以指出進一步研究的方向以爲結論。

本文的第一個特點是，筆者選取了 Cremin 的《學校變革》，Krug 的《高中形成 I》、《高中形成 II》，以及 Ravitch 的《殘壘》這三本表面上看來並非課程史領域的專書。然而，若仔細研讀，就會發現除了《學校變革》一書確實鮮少論及課程或是學習進程有關的事宜，《高中形成》及《殘壘》二書，則不然。

《學校變革》書後的索引未見類似課程的辭目，可爲其很少討論此一主題的明證。相對地，Krug 的《高中形成》則把學校課程置於中心的位置，他對於這段期間高中課程改革的努力，有著非常強烈的興趣，他對於那些試圖取代或者激烈地重組傳統的學校科目之改革，實際帶來的效應，尤其關注。《高中形成 I》的結論中，即這些試圖轉變學校科目的改革，

對於學校科目所帶來的影響之程度，做了一番檢視。至於《殘壘》一書，雖然專論課程的文字不多，但是爲「學術課程」辯護正是該書的主旨，討論課程問題的篇幅自然不少。

然而，這三本書畢竟不是眞正以課程史爲主題而撰作的專書，所以，有關 Bobitt 的文字所占各專書的比例較低：《學校變革》爲 1.4%（5/378），《高中形成》爲 1.4%（12/861），《殘壘》爲 2.7%（14/555）。所以，筆者以爲有必要另外就三本以課程史爲主題而撰作的專書進行研究。目前思想所及，有《1893-1958 年間美國中小學課程的競逐》（*The Struggle for the American Curriculum, 1893-1958*）（Kliebard, 1986/2004）（有時簡稱《課程競逐》）、《建立美國共同體：學校課程與社會控制的追尋》（*Building the American Community: The School Curriculum and the Search for Social Control*）（Franklin, 1986）（有時簡稱《課程與社會控制》），以及《學校課程史》（*History of the School Curriculum*）（Tanner & Tanner, 1990）等三本專書。蓋其等有關 Bobitt 的文字所占各專書的比例，分別爲 8%（28/332）、20%（36/176）及 5.0%（19/397）較高。

本文的第二個特點是，筆者試自 Finkelstein 及 Kelly 二位教育史學學者所運用的「詮釋慣例」檢視其進行史著的撰作所依循的基本立場，再行歸納而成兩種基本立場的理想類型——「對於傳統之批判」與「對於傳統之辯護」——對於 Bobitt 所敘寫的故事，加以評析。如此作法的理據在於史著作者皆會就著史實，依循其基本立場，做出選擇，進而將經過選擇的史實加以整理與排序。

然而，在撰寫本文的研究過程中發現，這三本專書著者敘寫 Bobbitt 的故事時，所持有之「對於傳統之批判」與「對於傳統之辯護」這兩種基本立場，恰與其等對於進步教育運動的基本立場若符合節，亦即支持或看好進步教育運動的 Cremin《學校變革》與 Krug 的《高中形成》，就持有「對於傳統之批判」之基本立場，而《殘壘》則反之。

所以，若是就著《課程競逐》、《課程與社會控制》，以及《學校課

程史》這三本史著的作者都支持、看好或者採取中立的態度，而不像《學校變革》、《高中形成》及《殘壘》三者有那麼明顯的對比，或許在論述時會有不同的情況，這也是可資筆者進一步研究的要項。

　　具體而言，筆者未來就著《課程競逐》、《課程與社會控制》，以及《學校課程史》這三本同為課程史專著，且作者又對於進步教育持有不那麼歧異的立場，進行一番評析，應是值得研究的課題。

參考文獻

方永泉（2000）。理想類型。教育大辭書。取自 http://terms.naer.edu.tw/detail/1310557/

唐君毅（1974）。哲學概論（上卷）。臺北：學生。

鄒謙（1974）。哲學概論。臺北：河洛。

Bode, B. H. (1927). *Modern educational theories*. New York, NY: Macmillan.

Bobbitt, J. F. (1912). The elimination of waste in education. The *Elementary School Teacher*, *12*, 259-271.

Bobbitt, J. F. (1913). Some general principles of management applied to the problems of city school system, *The Supervision of City Schools, The Twelfth Yearbook of the National Society for the Study of Education, Part I* (pp.7-96). Chicago, IL: University of Chicago Press.

Bobbitt, J. F. (1918). *The curriculum*. Boston, MA: Houghton Mifflin.

Bobbitt, J. F. (1924). *How to make a curriculum*. Boston, MA: Houghton Mifflin.

Callahan, R. E. (1962). *Education and the cult of efficiency*. Chicago, IL: University of Chicago Press.

Cremin, L. A. (1961). *The transformation of the school: Progressivism in American education, 1876-1957*. New York: Vintage.

Dewey, J. (1890). Book review: The critical philosophy of Immanuel Kant. *The Collected Works of John Dewey, 1882-1953* [L. Hickman, Ed.]. Electronic Edition [EW3: 180-185]. Charlottesville, VA, Intelex Corp.

Dewey, J. (1922-1923). Syllabus: Types of philosophic thought. *The Collected Works of John Dewey, 1882-1953* [L. Hickman, Ed.]. Electronic Edition [MW13: 349-395]. Charlottesville, VA, Intelex Corp.

Dewey, J. (1925). Experience and nature. *The Collected Works of John Dewey, 1882-1953* [L. Hickman, Ed.]. Electronic Edition [LW1]. Charlottesville, VA, Intelex Corp.

Dewey, J. (1933). The underlying philosophy of education. *The Collected Works of John Dewey, 1882-1953* [L. Hickman, Ed.]. Electronic Edition [LW8: 77-103]. Charlottesville, VA, Intelex Corp.

Dewey, J. (1934). Art as experience. *The Collected Works of John Dewey, 1882-1953* [L. Hickman, Ed.]. Electronic Edition [LW10]. Charlottesville, VA, Intelex Corp.

Dewey, J. (1938). Logic: The theory of inquiry. *The Collected Works of John Dewey, 1882-1953* [L. Hickman, Ed.]. Electronic Edition [LW12]. Charlottesville, VA, Intelex Corp.

Finkelstein, B. (1992). Education historians as mythmakers. *Review of Research in Education, 18* (1992): 255-297.

Kelly, M. G. (2014). The mythology of schooling: The historiography of American and European education in comparative perspective. *Paedagogica Historica, International Journal of the History of Education, 50*(6), 756-773. http://dx.doi.org/10.1080/00309230.2014.948016

Krug, E. A. (1964). *The shaping of the American high school, 1880-1920.* Madison, WI: The University of Wisconsin Press.

Krug, E. A. (1972). *The shaping of the American high school, 1920-1941.* Madison, WI: The University of Wisconsin Press.

Kliebard, H. M. (1986/2004). *The struggle for the American curriculum, 1893-1958* (3rd ed.). Boston, MA: Routledge & Kegan Paul.

Franklin, B. M. (1986). *Building the American community: The school curriculum and the search for social control.* London & Philadelphia: The Falmer Press.

Tanner, D., & Tanner, L. (1990). *History of the school curriculum.* New York, NY:

Macmillan.

Ravitch, D. (2000). *Left back: A century of failed school reforms*. New York, NY: Simon & Schuster.

附錄一：Bobbitt 的著作

Bobbitt, F. (1904). *A First Book in English*. New York: Silver, Burdett & Company.

Bobbitt, F., & Eagan, R. (1905). *A First Book in English*. New York: Silver, Burdett & Company.

Bobbitt, F., & Bobbitt, A. (1906). *Primer*. New York: Silver, Burdett & Company.

Bobbitt, F. (1909a). Growth of Philippine Children. *The Pedagogical Seminary, June*, 137-168.

Bobbitt, F. (1909b). Practical Eugenics. *The Pedagogical Seminary, Spring*, 385-394.

Bobbitt, F. (1911a). A City School as a Community Art and Musical Center. *The Elementary School Teacher, November*, 119-126.

Bobbitt, F. (1911b). The Efficiency of the Consolidated Rural School. *The Elementary School Teacher, December*, 169-175.

Bobbitt, F. (1912). The elimination of waste in education. *The Elementary School Teacher, XII*(6), 259-271.

Bobbitt, F. (1913). The supervision of city schools: Some general principles of management applied to the problems of city-school systems. In *Twelfth Yearbook of the National Society for the Study of Education. Part I* (pp.7-96). Chicago, IL: University of Chicago Press.

Bobbitt, F. (1914). The school survey: Finding standards of current practice with which to measure one's own school. *The Elementary School Journal, September*, 41-54.

Bobbitt, F. (1915a). *What the schools teach and might teach*. Cleveland, OH: The Survey Committee of the Cleveland Foundation.

Bobbitt, F. (1915b). *The San Antonio public school system: A survey.* San Antonio, TX: The San Antonio School Board.

Bobbitt, J. F. (1915c). High-school costs. *The School Review, 23*(8), 505-534.

Bobbitt, F. (1917). Summary of the literature in scientific method in the field of curriculum-making. *The Elementary School Journal, November,* 219-240.

Bobbitt, F. (1918a). *The curriculum.* Boston: Houghton Mifflin.

Bobbitt, F. (1918b). The plan of measuring educational efficiency in Bay City. *The Elementary School Journal, January,* 343-356.

Bobbitt, J. F. (1918c). Curriculum situation. In Judd (Ed.), *Survey of the St. Louis public schools, Part 2-The work of the schools* (pp.77-116). Yonkers-on Hudson, NY: World Book.

Bobbitt, J. F. (1921a). A significant tendency in curriculum-making. *The Elementary School Journal, 21*(8), 607-615.

Bobbitt, J. F. (1921b). The actual objectives of the present-day high school. *The School Review, 29*(4), 256-272.

Bobbitt, F. (1922). *Curriculum- making in Los Angeles.* Chicago: University of Chicago Press.

Bobbitt, F. (1924a). *How to make a curriculum.* Boston, MA: Houghton Mifflin.

Bobbitt, F. (1924b). The new technique of curriculum-making. *The Elementary School Journal, 25*(1). 45-54.

Bobbitt, F. (1924c). The technique of curriculum-making in arithmetic. *The Elementary School Journal, October,* 127-143.

Bobbitt, F. (1924d). What understanding of human society should education develop? *The Elementary School Journal, December,* 290-301.

Bobbitt, J. F. (1925). Difficulties to be met in local curriculum-making. *The Elementary School Journal, 25*(9), 653-663.

Bobbitt, F. (1926). Character-building and the new curriculum. *Religious*

Education, 21, 472-476.

Bobbitt, F. (1934). The trend of the activity curriculum. *The Elementary School Journal, December*, 257-266.

Bobbitt, J. F. (1935). General education in the high school. *The School Review, 43*(4), 257-267.

Bobbitt, F. (1937). "Objectives of education". In H. L. Caswell & D. S. Campbell (Eds.), *Readings in curriculum development* (pp.229-235). New York: American Book Company.

Bobbitt, F. (1941). *The curriculum of modern education*. New York: McGraw-Hill.

Bobbitt, F. (1969). The orientation of the curriculum-making. In G. M. Whipple (Ed.), *The foundations and technique of curriculum-construction, part II. The foundations of curriculum-making. The Twenty-Sixth Yearbook Of The national Society for the Study of Education* (reprinted ed.) (pp.41-55). NY: Arno Press & The New York Times. (Original work published 1927)

附錄二：「課程誕生百年風華：以 Bobbitt 作爲探究中心」論壇紀實

「課程誕生百年風華：以 Bobbitt 作為探究中心」論壇議程
2017 年 10 月 22 日

時間	活動內容	講者
13：30-13：40	貴賓致詞	黃光雄教授
13：40-15：00	論文發表一	**主持人**：黃顯華 **發表人** 1. 劉幸：Bobbitt 的生平與重要論著 2. 鍾鴻銘：Bobbitt 課程理論內涵的歷史轉折 3. 單文經：史著中的 Bobbitt **與談人** 1. 楊智穎；2. 劉修豪；3. 鄭玉卿
15：00-15：10	茶敘	
15：10-16：30	論文發表二	**主持人**：歐用生 1. 楊智穎：Bobbitt 與美國課程史中的社會**效率論** 2. 劉修豪、白亦方：知識社會學視角下論 Bobbitt 課程知識觀的角色定位 **與談人** 1. 鍾鴻銘；2. 劉幸

照片

跋

2017 年，楊智穎教授邀我赴臺參加「課程誕生百年風華：以 Bobbitt 作為探究中心」研討會。那時候，我新譯成的 Bobbitt《課程》一書剛剛由大陸的教育科學出版社推出未久，我有心為學界重新認識 Bobbitt 而鼓呼，因此很快踐諾飛往臺北。當然，我也是有私心的。我迫切地想要了解並親眼看看，那個有五月天和日月潭的地方，究竟是什麼樣子。

初抵臺北，我就感受到臺灣的風和陽光是多麼和煦；但之後在研討會上，大家冷峻而敏銳的問答往來則更讓我欣喜。研討會開得很成功，有黃光雄、歐用生和黃顯華三位前輩教授坐鎮，大家不敢馬虎；參會人數不多，彼此質詢的時間也就非常充分了。某種意義上，正是因為研討會上激烈的討論，才更加讓我意識到，《課程》一書儘管出版在百年以前，Bobbitt 謝世也已經逾半個世紀，但前人的「幽靈」卻始終糾纏著每一個和課程問題打交道的人，只要是現代教育體系及其課程體系得以建立之處，無論是美國、臺灣、香港，還是大陸，其實大家都會面臨一些類似的問題，而要解決這些問題，當然需要大家共同的智慧。在這一點上，我尤其服膺楊智穎教授當初極力促成這場研討會的眼光。我們千里迢迢聚到一處，不光是為了遙祭 Bobbitt 這位大洋彼岸的課程理論前輩學者，更是為了應對我們自身面臨的教育問題；歷史也從來不只是歷史，歷史就是現實。

研討會結束後，大家的研究論文陸續通過各類學術期刊的匿名評審，得以和更多學界同仁見面。其中《國立屏東大學學報：教育類》在第二期（2018 年 4 月面世）共收錄了三篇研討 Bobbitt 的專文，已頗有專號的規模，為學界重新關注 Bobbitt 提供了一個寶貴的契機。在此，要對學報各位編輯委員與審查委員表示謝意。到大約 2019 年的時候，楊智穎教

授和我已經有心要將大家的文章集結一處出版，作為一種學術上的見證。大陸的幾位朋友陸續賜以新稿，臺灣五南圖書出版公司亦表示不計較經濟上的得失，支持論文集的計畫。眼見一切順利，不想 2020 年初，一場 COVID-19 的疫情突然席捲全球，打亂了全世界的步伐。我本人當時在美國 Center for Dewey Studies（SIU）查訪檔案，一度也陷入了孤懸海外的境地。當然，我非常幸運地得到了多位親友的幫助，性命無虞，但整個論文集的出版工作都被大大延遲。在此，要向各位作者表示誠摯的歉意。

在遲到了一年之後，這本論文集終於能夠和學界同仁見面，自己心中還是難免生出諸多感慨。當初第一次赴臺時，黃光雄、歐用生兩位先生俱在；而今這本論文集終於面世，但兩位先生已經謝世。

我記得那時候在臺北，第一次見到歐用生先生，同他落座吃飯，他一坐定就嚴肅地問我：「Bobbitt 和 Charters 這兩個人的關係到底如何？」Werrett Charters 也是課程理論早期發展史的一個重要人物，並且和 Bobbitt 在芝加哥大學有不短的一段共事時光，讀者朋友可詳參本書第七章鍾鴻銘教授的長文。兩人行文時常相互徵引，但至於他們兩人的私交，相關論述似乎極少。歐用生先生才第一次和我見面，既不寒暄天氣，也不和我講究同是日本留學生的學緣，開門見山便是這樣一個難題，讓我一下子就體會到了一個真正的學者是什麼樣子。和黃光雄先生，我只有那次研討會的一面之緣而已，不敢謬託知己，但當日我聽到那麼多早已成名的教授們回憶起年輕時受教於黃先生的經歷，我能感知到，對很多人來說，黃先生就是「永遠的校長」。

人事有代謝，往來成古今。這本論文集既凝結著我們對 Bobbitt 的反思，也寄託著我們對黃光雄、歐用生兩位先生的哀思。Bobbitt 一百年前寫下的書不可能替今天的我們解決所有問題，黃光雄、歐用生兩位先生既已辭世，今後教育領域的種種問題，當然更要靠我們兩岸的學者，攜手貢獻新的智慧，提供新的解決方案。惟願這本論文集，能有彰往察來之效用。

　　本書的出版得到了「北京師範大學 2020 年青年教師教學發展基金項目（項目號：2020107）」及「北京市優秀人才培養資助青年骨幹個人項目」的資助，謹向校方致以謝忱。

　　五南圖書出版公司在疫情最艱難的時候，向我表示，隨時等著我們延遲的稿子。這份情誼，我永遠感念。

劉幸

於北京師範大學

2021.05.12

國家圖書館出版品預行編目資料

拆解Bobbitt:課程論百年紀念/劉幸,丁道勇,
程龍,胡定榮,楊智穎,鍾鴻銘,單文經合著;
劉幸,楊智穎主編.--初版.--臺北市:五南圖
書出版股份有限公司,2021.12
面； 公分
ISBN 978-626-317-378-1(平裝)

1.課程 2.文集

521.707   110019077

4I05

拆解Bobbitt：課程論百年紀念

主　　編 ― 劉　幸、楊智穎

作　　者 ― 劉　幸、丁道勇、程　龍、胡定榮、楊智穎、
　　　　　　鍾鴻銘、單文經

發 行 人 ― 楊榮川

總 經 理 ― 楊士清

總 編 輯 ― 楊秀麗

副總編輯 ― 黃文瓊

責任編輯 ― 郭雲周、李敏華

封面設計 ― 王麗娟

出 版 者 ― 五南圖書出版股份有限公司

地　　址：106台北市大安區和平東路二段339號4樓

電　　話：(02)2705-5066　　傳　　真：(02)2706-6100

網　　址：https://www.wunan.com.tw

電子郵件：wunan@wunan.com.tw

劃撥帳號：01068953

戶　　名：五南圖書出版股份有限公司

法律顧問　林勝安律師事務所　林勝安律師

出版日期　2021年12月初版一刷

定　　價　新臺幣320元